马老师的作文课系列

不头疼的故事作文课 破浪卷

马翼翔 著

北京师范大学出版集团
BEIJING NORMAL UNIVERSITY PUBLISHING GROUP
北京师范大学出版社

图书在版编目（CIP）数据

不头疼的故事作文课. 破浪卷 / 马翼翔著. -- 北京 ：
北京师范大学出版社，2025. 1. -- （马老师的作文课系列）.
-- ISBN 978-7-303-30305-2

Ⅰ. G624.243

中国国家版本馆CIP数据核字第20245M1Z51号

营 销 中 心 电 话　010-58808083
家教和少儿科普事业部　010-58806648

BU TOUTENG DE GUSHI ZUOWENKE POLANGJUAN

出版发行：北京师范大学出版社 www.bnupg.com
　　　　　北京市西城区新街口外大街12-3号
　　　　　邮政编码：100088
印　　　刷：鸿博睿特（天津）印刷科技有限公司
经　　　销：全国新华书店
开　　　本：889 mm×1194 mm　1/24
印　　　张：9.25
字　　　数：160千字
版　　　次：2025年1月第1版
印　　　次：2025年1月第1次印刷
定　　　价：59.80元

策划编辑：曹　敏　刘　冬　　　　责任编辑：刘　冬
美术编辑：袁　麟　　　　　　　　装帧设计：袁　麟　敖省林
责任校对：郑淑莉　　　　　　　　责任印制：李汝星

别把作文当回事儿

孩子们买作文书，或者进行写作训练，都是因为写不好作文嘛。写不好作文主要是因为怕作文，不敢写。孩子们其实是被某些标准吓坏了。

孩子们最怕的两件事儿，一个是字数，一个是"好词好句"。

先说字数，我问了很多个小学语文老师，没有一个人能说出来小学作文字数到底应该是多少。这是真的，因为"新课标"压根就没写具体的要求。所以大多数老师都根据以往的经验讲："三年级300字，四年级400字，五年级500字，六年级600字。"但是，"新课标"虽然没有小学作文的字数要求，却有初中作文的字数要求，九年级，也就是初中三年级要求500字以上。

九年级才要求500字以上，六年级要求600字很显然不科学，也不道德。

为什么"新课标"没有对小学作文字数的要求呢？这是因为全国各地的教学水平不均衡。全国各地的教研员就根据自己所在地区的教学水平来拟定作文字数，老师对作文字数的依据主要是考试时候试卷上教研员设定的字数。

可是也不知道怎么就形成了三年级300字这个标准，就约定俗成了。也没有按照各地的教学水平具体问题具体分析呀！也没有因地制宜、量体裁衣呀！

对于一个三年级的孩子来说，他刚刚学了800个生字，让人家写300字的作文是不是有点多？根据我个人的经验，对大多数孩子来说，目前的标准偏高。

咱们能不能就根据初三的作文字数倒推。每学年就降低50字吧。九年级500字，八年级450字，以此类推，三年级200字。以这个为标准，哪个孩子写不到呢？绝大多数孩子都可以做到吧。

我非常善于教那种所谓的"不可药救"的孩子，他们可能半天一个字都写不出来。那怎么办？降低标准嘛，因材施教嘛。

我对他们讲，能不能先写两行，写完就放你走。那肯定行，飞快地写完两行就回家了。然后我从这两行里面找出来一个优点，真心实意地表扬这孩子。小朋友被表扬的时候眼睛都会发光，你一看他眼睛发光了，你就和他商量，那咱们这次能不能写五行。肯定行，然后再夸他。就这样形成良性循环，慢慢地，您还别不信，就这样的孩子，语文基础也不好，错别字满天飞，标点都没有的孩子，被我培养成写作高手，充满灵气。这本书里的很多范文就是这样的孩子写的。

再说说"好词好句"。我这次就搬出来"新课标"。咱们看看"新课标"上面怎么说的。这是 2022 年中华人民共和国教育部制定的《义务教育语文课程标准 2022 年版》"课程目标"中的"学段要求"节选。

第一学段（1~2 年级）

【表达与交流】

3. 对写话有兴趣，留心周围事物，写自己想说的话，写想象中的事物。在写话中乐于运用阅读和生活中学到的词语。

4. 根据表达的需要，学习使用逗号、句号、问号、感叹号。

第二学段（3~4 年级）

【表达与交流】

4. 观察周围世界，能不拘形式地写下自己的见闻、感受和想象，注意把自己觉得新奇有趣或印象深刻、最受感动的内容写清楚。能用便条、简短的书信等进行交流。尝试在习作中运用自己平时积累的语言材料，特别是有新鲜感的词句。

5. 学习修改习作中有明显错误的词句。根据表达的需要，正确使用冒号、引号等标点符号。课内习作每学年 16 次左右。

第三学段（5~6 年级）

【表达与交流】

1. 听人说话认真、耐心，能抓住要点，并能简要转述。乐于表达，与人交流能尊重和理解对方。注意语言美，抵制不文明的语言。

我没有抄录第一学段的第 1、2 项和第二学段的 1、2、3 项，是因为这几项主要是针对"说"而不是"写"的。第三学段第 1 项，"注意语言美"，这里指的是交流中的文明用语，因为你看前面一句"乐于表达，与人交流能尊重和理解对方"。

现在回头来看这个标准，我个人觉得，这个标准简直是太科学、太明确、太理性了。我们首先看第一学段（1～2年级）的要求。

　　低年级重点是"写话"，顾名思义，就是写一句或者几句话，而不是写一个完整的作文。我们知道写作文就像盖房子，字词是一砖一瓦，用砖瓦砌一层墙，就是一句话。砌得多了就变成了一面墙，就是一段。再砌，就慢慢变成四面墙了，加上结尾——封顶。也就是完整的作文了。

　　一、二年级的孩子，万里长征才走了一小步，能不能先别急着盖楼，先学着砌一层墙？我小时候学作文都是从简单的"造句"开始的，会造句会写话了，才能慢慢写一个完整的作文吧。

　　我们看第4项，"学习使用逗号、句号、问号、感叹号"等标点，我当老师这些年，发现不会使用标点的孩子大有人在，也就是基础没有打牢，还没有学会走路，就让他们跑，那只能是一路跌跌又撞撞。与其让孩子费心费力写作文，还真不如静下心来给孩子打好字词、标点、段落的基础。这个要求不高吧？就这样要求一下孩子，既符合"新课标"的精神，孩子又不累。

重点看第 3 项，"对写话有兴趣"，我在教学中见过太多对学习没有兴趣的孩子了。我们人类天生对知识有渴望，有好奇心，这一点你看看刚出生的宝宝就明白，他们多么急于表达呀。可是小朋友们为什么会失去学习兴趣，甚至厌学呢？恐怕得从教育本身找原因，而不能说是因为孩子懒吧。

　　"留心周围事物，写自己想说的话，写想象中的事物。""自己想说的话"，我想咋说就咋说。我自己的话，也是我最会说、最善于说、我能脱口而出的话。本来孩子用自己的话说得好好的，非让我学那些老先生佶屈聱牙的话，那就是邯郸学步，不但没有学会走，连爬都不会了。

　　首先得鼓励孩子们敢说，才能说好。"在写话中乐于运用阅读和生活中学到的词语"，学以致用。"阅读和生活中学到的词语"肯定不只是各种修辞吧？生活中哪个讲话满嘴书面语？

　　我们再看第二学段和第三学段的要求。

　　我就问一句，哪里写着"好词好句"了？哪里有对各种修辞——比喻、夸张、拟人、排比的要求了？

　　"观察"是我们作为人类的一种特殊能力，动物观察环境是为了生存，人类培养观察能力是为了认识世界、发现规律之后做出判断和决策。

"感受"，我们和人工智能的一个主要区别就是人类有"心"，就是所谓的"感受能力"。"感时花溅泪，恨别鸟惊心"，AI要想做到这一点，它得有海量的数据来模仿人类的童年。"感受力"是这个时代最稀缺又是最重要的能力。每天盯着手机的人肯定不会惊觉虫鸣和风儿掠过。孩子的感受力是最棒的。"只要能看见太阳岛，我就不停地回头看它。"这是春游回来的孩子写下的句子。我觉得比什么修辞都厉害，都能打动人。

我经常会问上了初高中的孩子们，我教的这些东西有用吗？他们说，太有用了。为什么？"老师，您不知道，虽然很多同学的作文写得很美，但是他们都是背几个相似的散文作家的文章，千篇一律，每个人写得都差不多。不是全班差不多，而是全国都差不多，不信就看看中高考的作文。但是如果你还有想象力，还会写心里话，别人就会觉得你很酷。

"感情真实"，我的语言都不是自己的语言，我的感情能真实吗？朱自清是抒发不出来21世纪孩子的真情实感的。

"新奇有趣或印象深刻、深受感动"，这里锻炼的是选材能力。语文学习不仅仅是为了学习知识，更是为了培养思维方式。而选材，就是锻炼思维的最佳环节。我常和孩子们讲，当你开始写一篇作文的时候，你要下意识地想"我要写一篇别人没有写过的东西"，要把求异思维融入血液里，铭刻在基因中。夸奖一个孩子，没有什么比"你是个特别的孩子"更有分量了。

最后，我们看"新课标"的要求并不高——写清楚。没有说"写漂亮"。我对作文的定义就是"把心里话写清楚"。能写清楚、写明白才能打好语文基础，才能往前走得更远。

"特别是有新鲜感的词句"，并不是指"特别是优美的句子"。"新鲜感"，是为了让我们明白，语言是动态的，是变化的，不是一成不变的。如果只讲"纯粹"，那么我们现在还应该和猴子一样只会几种吼叫。语言也是要发展、要与时俱进、要有新词编入到《新华字典》里的。一种语言如果没有新鲜的词语注入，是没有活力和不生动的。所以我觉得应该鼓励孩子们用新词，创造新词。这本来应该是文人的任务和义务，可是你看，接受僵化教育的文人还不如民间有活力呢。"初心、治愈、点赞、吐槽、二维码"这几个词，就是新加入《新华字典》的。

有人说了，语言文字就是要"美"。我们学习语言，不就是探索追求"美"吗？这个话，我是举双手双脚赞成的。但是，"美"的标准很多元、很丰富。不是只有抒情散文作家用修辞堆砌起来的华丽辞藻才是"美"。《诗经》的直率美也是美，苏轼的《赤壁赋》有豪放的美，老百姓语言有种朴实的美，孩子们的语言有单纯的美。

只要稍有阅读经验的人都会发现，越是绝顶高手，越是大作家的语言，才越是大道至简、朴实无华。洛可可风格确实是一种美，可却被普遍认为是低级的、暴发户式的、阴柔病态的美。如果孩子们都在学习追求这种"美"，"美"的定义会变得单一、狭隘。

我考教师资格证的时间已经很久远了，但是那几本教参却给我留下了深刻的印象。我虽然记不住其中的很多内容了，但是我始终记得教育的中心思想是"符合学生的身心发展规律"，要"切合实际、实事求是"，而不是"揠苗助长"。

"实事求是"，就是把孩子当孩子，而不是严格按照散文作家的标准来要求他们。一个小学生才学了几个字儿？才看了几本书？他们的路还长着呢。我们能不能陪着他们，搀着他们走几步，把孩子们扶上马？在小学阶段，我们老师只要能够给他们打好语文基础、培养阅读兴趣、呵护孩子们的求知欲，是不是就够了？你还想、还能做得更多吗？

以孩子们的生长规律和身心健康为基础，降低标准，"双减"的意义就在于给孩子们留出足够的空间和时间，让他们休养生息，培养个人爱好，成为身心健康的、有好奇心和求知欲的社会主义新时代接班人。

我们都是爱这个国家和人民的，我们都是想祖国的花朵能够健康成长的，就算是为了祖国的未来，为了中华之崛起，请各位老师（教研员）严格地按照"新课标"来执行教学吧！

作者：

（马翼翔，男，导演、作家、画家、教师，放牛班作文创始人，老民国课本公益课堂创办人。著有《画说作文》《麻辣老师的花样作文课》）

目录

目 录

第一章

完成比完美重要

比作文更要紧的事

1. 马兰花从电影学院毕业了，暂时没事儿干，有一天她去我单位玩，我正给孩子们播放卓别林的电影，孩子们笑得很开心。她说："真想不到，这么老的电影孩子们也会喜欢，反正闲着也是闲着，咱们拍个儿童版的卓别林式电影吧。"我说好，我也喜欢玩儿，我来写剧本，我要写一个剧本，让更多的人知道我的教学理念，让更多的家长和老师看到，我要为孩子们发声。

2. 要拍电影得有演员，就从我的学生中物色吧。比如配角，也就是《画说作文》里的"张甲学、庞炳、阿乙"很快就找到了。你们看看，和书里的人物像不像？

3. 重点是找女一号——马小花。花导，也就是我的女儿马兰花，现在已经成导演了。她提出找儿童演员的标准——必须像孩子，要有孩子的样儿，要淘气。很快，我发现了一个目标，有一天上课的时候，一个我叫不出名字的小女生竟然坐在了桌子上。咦，有点淘气啊，有孩子样儿！我默默地观察她，虽然没发现她有什么明显的优点，但她的脸还是打动了我，她这么小，竟然有眼袋，还有两颗一笑就露出来的小虎牙。

4. 我和她妈妈提出来要找她拍电影，她妈妈说："好呀！马老师，你知道吗，我们家嫣然在学校连上台发言的机会都没有，正好让她锻炼一下。"我一听，心里一颤，啊，这么没有经验，演电影行不行呀？花导说没事儿，没有不会演电影的人，她又不是演别人，就演她自己呗。

5

5. 星期天，我把几个孩子集合到一起，换上服装准备试一试。这才发现这个谢嫣然同学，实在太害羞了。她不仅仅是害羞，还怯场，手足无措的，一副受气的样儿。让她演了一段，感觉不太行。

6. 这咋办？海选吧！贴出海报在南京全城找小演员。一听说要拍儿童片，南京好多学表演的孩子都来面试了。这不试不知道，一试吓一跳。前面咱们不是说儿童演员要像孩子吗，当时我觉得这是废话，孩子不像孩子难道像老头吗？可是在这么多小演员中，那些学过表演的孩子举手投足程式化表现，才艺表演如出一辙，太没有个性了。

7. 再上课的时候，我无意间瞥见嫣然清澈而懵懂的眼神，就是她吧。

现实情况一片慌乱：剧本没写完，最主要的演员之一马小花妈妈没有着落，最主要的拍摄场地———一所20世纪80年代的老学校没找到。我们这个团队，只有导演学过电影，摄影师虽然有经验，但也没拍过电影。其他人不是在校学生就是外行，而且还没资金支持。就这样，可以说是在"八字没一撇"的情况下，2021年的春天，2月18日，我们就"噼里啪啦"地开机了。

8. 后来我当然遇到了很多很多困难，但是，靠着强大的信念——"车到山前必有路"，演妈妈的演员有了，那所像梦一样的老旧废弃学校找到了，所有的一切都慢慢好起来了。回想起来我虽然有些后怕，但是也会这么想：如果等一切都准备好了再开机，花导是不是就找到工作上班了？千辛万苦找到的小演员是不是就长大了？

孩子们，这也算是一个经验吧。在我们准备一件事情的时候，你的热情也许会在漫长的过程中一点点被消耗。等你觉得自己准备好了的时候，可能就没有激情做这件事情了。多少人的临终遗言是"很遗憾没有做哪件事儿"，而不是"没有做好哪件事儿"。做了，哪怕没有做好，至少也没有遗憾了。

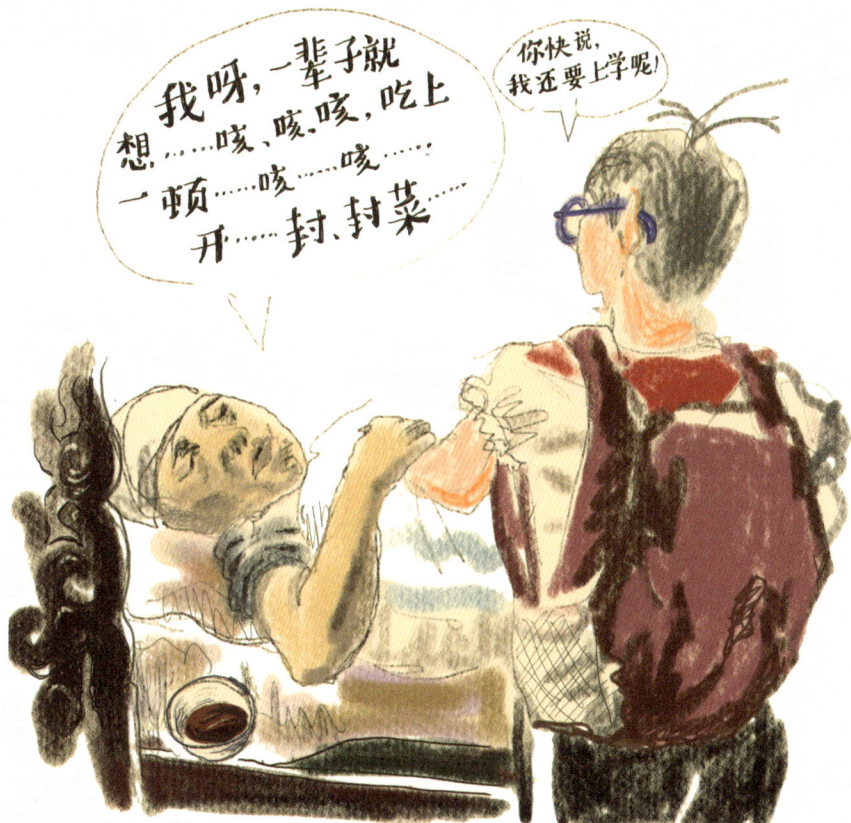

你准备好了吗？

我准备好了呀！

我准备好吃饭了！

9. 什么时候算准备好了呢？就像我们写作文一样，打好腹稿、写好大纲算准备好了吗？想好结尾算准备好了吗？可能永远都不会准备好的，开弓没有回头箭，先去做吧。

10. 这就像写作文一样，我们没有必要做到"胸有成竹"才动笔。"胸有成竹"只会画地为牢，"胸无成竹"才能肆意发挥。

很多孩子写作文慢，是因为老在想，"写啥呀"，老在思考"咋写呀"。其实你没有必要这么纠结，小学生的作文篇幅这么短，还需要什么谋篇布局、承上启下吗？你只要动手写，从第一个字写起，写一个字就少一个字。我们只要知道开头，只要知道第一句话写什么，那么你就开始写吧。你写着写着，慢慢地灵感就来了；写着写着就感觉有的写了，就越写越顺手了；写着写着思维就活跃起来了。就像我在电影里说的一样："你只要写好第一行，第二行就在那里等着你了。"

最重要的是"开始"，不开始就永远不会有结果。

冲！

12. 晚上，孩子们被接走了，片场静悄悄的。撤走了场灯，惨白的日光灯下，教室也黯淡下来，外面漆黑一片，只有风声。花导放声大哭："怎么办呀，怎么每天都这么多事情呀！"我也好想说："就到这里吧，咱们散伙吧。"

11. 拍摄中我们遇到了无数的困难。比如找好的场地人家不让拍了等。庞炳是二年级的孩子，记不住台词；花妈妈不会讲普通话；每天几十个小演员们吵得人仰马翻。我们一帮外行，每天不是穿帮了就是漏拍了。有人就开始说风凉话了，说我们是"小马拉大车——自不量力"，说我们是"瞎子打枪——没个准数"。

扫描二维码，看花导崩溃的样子

11

13. 回到家里，花导翻出传记电影《艾德·伍德》。伍德是史上第一"烂片王"，也叫"一条过"——所有的镜头都只拍一次，无论好坏。他在资金严重短缺的情况下竟然拍科幻片，道具怎么解决呢？就用一次性餐盘做飞碟，从画外伸进来一个打火机把盘子点燃，"飞碟"就被击落了。我们边看边笑，花导一拍大腿："向伍德同志学习！管它好坏呢，别把电影当回事儿，先拍了再说！"

14. 于是，在"伍德精神"的鼓舞下，我们重新上路。玄武湖公园白天不让拍，我们赶早去。演员不会说普通话，更好，片场上南腔北调，不正好说明"害怕作文"这事儿对全国孩子来说都是一样的。穿帮就穿帮吧，只要电影好玩，谁会发现呢？等你们可以在电影院里看这部电影的时候，看看谁能发现那些明显的穿帮镜头，不明显的都不算，哈哈！

小马儿拉大车!

15. 那些说风凉话的人，都是没有出息的人，他们没有行动力，只会在一旁说风凉话。你只要行动，一定会犯错，不动的人是不会犯错的。犯错怕什么？我们最不用怕的就是犯错，人生是在不断"犯错"中成长起来的，不断犯错误，尽可能地改正错误，你就慢慢长大了。

16."完成比完美重要"，我们毕竟是新手，拍成什么样大伙都能原谅。我们不能按照天才的标准来严格要求自己，我们还想"一举成名天下知"吗？我们还想横扫各大电影节上热搜吗？先不想这些，我们能把电影拍出来就很牛了。

那就写个"坏"的！

哇，我写不好！

17. 你们还是孩子，你们才学了几个字看了几本书？你不是作家，不需要写一篇名垂千古的文章让后世敬仰学习背诵。你不要老想着写一篇"好"作文，可以先写出来，再修改。你就抱着一种认真做游戏的态度来写作，不就是一篇小小的作文吗？又不是一文定生死，你就抱着写"坏"的决心来写，看看到底能"坏"到哪里去。

18. 写作文这件事情呢，确实有时候会让小朋友们觉得有点头疼，不过别担心，不管能否写好，最重要的是先写出来。想象一下，写作文就像是一次奇妙的探险，而你就是那个勇敢的探险家。每次写作文，都像是在探索一个未知的世界。

19. 从小学到工作，你要写无数篇作文，如果每次写作文都如临大敌，那还怎么得了。要知道，你眼下正在写的这篇作文，只是你一生中所写的无数篇作文中的一篇。不要怕，抛开好词好句，先不去想语法、标点，就用自己最擅长的语言写出你最想说的话，只要真实地表达自我，就是一篇有魅力的文字。就像我们一样——拍出最想拍的电影——写出你最想写的话，就可以了。

20. 拍摄接近尾声的时候，有一个镜头是晚上我在水里救小花（嫣然饰演）。还是雨戏，要用大水龙头喷水模仿暴雨的。我们在安徽找了个名叫"赤滩"的地方拍这场戏。可是嫣然不会游泳，短时间内也学不会呀。花导对小花说："你学学憋气吧，只要不被呛到就行，我们尽量找水浅的地方拍。"你们能看出来我们是在岸边拍的吗？电影有时候就像变魔术。天刚黑，蚊子就围上来了，岸上打灯的人被蚊子咬麻了。我和嫣然蹲在水里虽然蚊子咬不到，但是天黑以后水里太冷了，而且还有水龙头降雨。嫣然冻得嘴唇发紫直打哆嗦。我们都担心嫣然妈妈心疼孩子，可是她妈妈竟然说"没事儿，感冒了明天吃点药就好了"。然后不用我们劝，人家妈妈就回宾馆了——要陪老大写作业。哈哈，没见过心这么宽的妈。

21. 一开机事情全来了，准备好的烟饼忘带了，这么晚也没有地方买去呀。水龙头还坏了。一次不行再拍一次。嫣然又是吐水又是流鼻涕。有人说："最难拍的是夜戏，比夜戏难拍的是夜里的雨戏。最难拍的是小孩，比小孩难拍的是动物。"对了，我们的电影里还有猫，所有的"最难"都被我们赶上了，真叫一个热闹。

22. 忙到快天亮了，好不容易算是拍完了。大伙在收拾设备，我筋疲力尽地领着嫣然光脚踩着滑滑的鹅卵石往岸边走。这会儿是黎明前最黑暗的时候，四周一片寂静，只有我俩的蹚水声。嫣然一边哆嗦一边说："我最讨厌水了。"我眼泪差点下来，黑暗中我紧紧地握住她冰凉的小手。

23. 电影拍到后期的时候，嫣然的角色表演难度越来越大，但是她却慢慢进入了状态，越演越放松、越演越精彩。其他小演员的妈妈都说："你看嫣然和进组的时候比起来，眼睛里都有光了。"到后来，要和她演对手戏之前我会有压力。真的，我怕别人说我演得没有孩子好。我就向她请教，怎么才能像她一样自如呢？她说："豁出去了就好了，谁会看你呢。"

豁出去了！ 爱咋咋的！

24. "豁出去了就好了"，说得多好，别管那么多，别管别人怎么看你，你以为别人都在时时刻刻盯着你吗？你是谁呀？你没有那么重要吧？"谁会看你呢。"当你"豁出去了"的时候，你浑身上下会散发出一种勇气、一种自信的光环，周围的人只会佩服你。

没有

25. 我很庆幸当初花导的坚持，最终选择了嫣然来演这部电影。正是嫣然精彩绝伦的表演撑起了这部电影，因此还入围了香港青年国际电影节的最佳女主角。现在嫣然上初中了，参加了学校里的表演社团，她的表现令人惊艳，还当了团长。老师问她："你学过表演吗？"她说："没有，从来没有。"

26. 电影终于拍完了，名字就叫《别把作文当回事儿》。这部电影已经拿到龙标了，咱们很快就可以在电影院里看到了。我希望爸爸妈妈们都领着孩子去看看这部为孩子们拍摄的电影，让孩子知道，作文写不好，完全不是他的错。孩子们挺喜欢的，看他们笑的样子。

另外，电影《别把作文当回事儿》还入围了平遥国际电影展，瑞士弗里堡国际电影节。在此我想借这本书感谢所有帮助过我们的朋友，劳苦功高的惠依尼老师、顾爸、小璐璐、阿常、佳誉、王真峥、邱峰、雪舞、李丹、何教授、星宇、十三、尹婷、任蓉蓉、池静娴、柏小鱼、黄慧玲、王建忠老师、鱼缸咖啡、昊格高定字、方正字库、柒零捌影视公司全体同仁等，以及各位妈妈、爸爸、爷爷、奶奶、外公、外婆，还有数不过来的孩子们。没有你们的无私奉献，就没有这部电影。

还有，最需要感谢的就是你，要感谢你们这些小读者的支持。这是一部为你们辩护的电影，看了这个电影你就明白，你不会写作文，问题不在你。希望电影上映的时候，你们都来看哟！

扫描二维码，看看他们的笑脸

扫描二维码，观看电影花絮

"别把电影当回事儿""别把作文当回事儿",这个"别把"后面可以加很多词语。我们从小到大接受的教育就是太把什么什么当回事儿。好像必须全力以赴,必须拼尽全力,必须用流尽最后一滴血的战斗才能取得胜利。

可是,时代不一样了。曾经确实可以通过个人奋斗获得很多东西,比如所谓的"成功"。时代进步了,我们对"成功"的定义改变了,不是功成名就、名利双收才是成功的唯一标准。我们很幸运地生活在这个多元化的时代里,我的一个小爱好得到发展是一种成功,我有良好的心态,幸福地活着也是一种成功。在人工智能时代,很多单调重复的工作即将被机器取代,作为人类,不是所有的人都适应这个时代,不是所有的人都能够战胜机器。那么,我们是不是可以回到仅仅作为"人"这样一种生物的状态活着呢?这样想,我们反倒可以放弃"成功"的执念,不再是"为了什么而活着",轻松做"人"。

回到"作文"这个小话题上,以我个人的经验来看,孩子们之所以不会写作文,主要就是因为担心达不到那些过于严厉的标准而害怕起作文来了。我们是不是能够把这些标准先放到一边，因为我们的目的不是必须写一篇完美的范文，而是要孩子们能够真实表达自我。那么，轻轻松松写作，回到初心，"我手写我心"，写作文是不是又变成一件有趣的事儿了呢？就像马老师和女儿拍电影，这么一帮外行在一起是在"玩儿"一件事儿，而不是带着明确的目的和野心，他们真的玩儿得很开心，那"开心"是不是也是一种成功呢？

生活中你会看到或者听到一些开心的事，遇到一些快乐的人，如果你能观察、留意到这样的事情，那么请你试着写一写，做一个善良的有心人。

一张贺卡

琅琊路小学　薛宇明

在我家楼下有个修自行车的叔叔，他有一个儿子，和我差不多年纪，他们都是外地人。我早上上学路过他们的时候，看见那个孩子就蹲在地上打铁片，我放学的时候他还在那里玩，我好羡慕他，都不用写作业。有一天，我放学回家，那天夕阳很美，红红的。那个孩子躺在爸爸那辆破旧的三轮车里，手中拿着一张不知从哪里得到的音乐贺卡，不停地打开、合上，打开、合上，两眼茫然地看着远方，真不知道他心里在想些什么。

点评

他心里在想些什么呢？那个贺卡是哪里来的呢？也许是男孩捡来的，他在想着自己什么时候也能过生日 —— 爸爸领着自己和朋友们去肯德基餐厅，大伙儿给他唱生日歌，送礼物。或许这是远方的朋友寄给他的，他想着自己的朋友此刻在做什么，他们还记得他吗，要是能和他们在一起该有多好呀。作文很含蓄，我们看到的只是海面上的冰山，而冰山下面的则需要读者自己来思考。

　　这个小同学的作文很短，可是短一点儿又有什么关系呢？比写作更重要的是做人。写好作文的前提是善意地对待这个世界。薛宇明小朋友是个富有同情心的孩子，能够看到这人世间的苦难。在他细致地感知这个世界、感知这个社会的时候，他的感受才能够变成令人温暖的文字。因为，懂得悲伤，才懂得爱。

放 羊

雨花实小　　刘佳佑

快过年了，我高高兴兴地和爸爸妈妈回了老家，想跟爷爷玩。

可是我回到老家后发现爷爷不在家，一直等到傍晚吃饭时才看到爷爷赶着羊群回来了。我问爸爸怎么回事。爸爸告诉我爷爷是出去放羊回来了。我听了十分兴奋，要求明天跟爷爷一起去放羊，爸爸爽快地答应了。

第二天，我早早地起床，却发现还是晚了一点儿，爷爷已经准备起身走了，我急忙带上吃的跟着爷爷出发了。刚出门时，我还蹦蹦跳跳地跟着爷爷走，没想到很快就接到任务，把侧面的羊赶出庄稼地。原来羊群在行进中总有几只会跑进别人地里吃庄稼。我本以为这是一个简单的工作，没想到如果你用力大了，那么整个羊群都跑偏了，如果用力小了，那么羊不出来。光是这一项任务就把我忙得够呛。更痛苦的还在后面，上山时，太阳在空气中折射出耀眼的光，地下的小虫子乱爬，泥土很松软。我的新鞋被弄得很脏，鞋底全是泥土，鞋面上到处可见泥点，越走越沉。我走到半路便坚持不住了，终于还是被爸爸接回去了。

爷爷回来后，我看见他的鞋变成了"土鞋"，满头大汗。啊！爷爷太辛苦了。

点　评

以小见大的文章，仅仅在放羊的路上就做逃兵的"我"，已经能体会到爷爷的辛苦了。

冰 棒

游府西街小学　顾逸文

一天晚上，外婆给我讲了一个她妈妈的故事。

外婆小时候家里很穷，几根冰棒都买不起。那时外婆家门口有一个大冰湖，每个冬天都会结很厚的冰。于是外婆的妈妈每年冬天都会穿上棉衣、带上镐子，趁着天气好有太阳的日子，到湖边去砸冰。到了湖边，外婆的妈妈抱起地上一块大石头，使劲地砸到湖上，同时还要小心，要离湖心远一点儿，怕冰面破了掉到冰冷的湖水里。只听"咔嚓"一声，冰上裂开了一条大缝。然后她"趁热打铁"又来来回回砸了几次，就这样，大大的浮冰变成了一块一块的小浮冰，接着，外婆的妈妈拿着镐子，把浮冰一点一点敲过来，抱进篮子背回家里，放在地下室里。

第二天，外婆的妈妈很早就起床，去市场买来一包最便宜的盐和一罐橙子水，把昨天背回来的浮冰用刀子小心翼翼地刮成一个个小长方体，再倒上橙子水，拿来一个大缸，放进一大块浮冰，撒上盐，再在冰上放做好的冰棒，又拿来一个大盖子盖上，再压上一大块浮冰，冰棒就做好了。

我嘴里吃着冰激凌，听着这个神奇的故事，心里想着：那时吃个冰棒真不容易啊！还有那么多危险。现在想想，我生在这个时代真是幸运！

辛苦与重担

力学小学　谢诗嫒

　　我的妈妈是一个为了我，心甘情愿地扛下家里重担的母亲，为了我，就算高龄也要把我艰难带到这个世界上来的伟大的母亲。

　　在我妈妈的前半生中，没有一刻是轻松的。妈妈小的时候，每天不仅要从自己家走到距离 15 千米的学校上学，还要背着我的舅舅一起去。在学校，我的妈妈十分刻苦，从一开始的班长，到加入了学生会，再到当选学生会会长……在她的人生中，每日、每时、每分、每秒都是那么的辛劳。不管是从前还是现在，我的妈妈全都承担了下来。

　　妈妈的事业也一直是自己打拼。我妈妈从 2000 年 7 月开了自己的第一家美甲店，以每天 120 元的收入起步，积累了三年，又开了一家美容店。这时我妈为了交租，除了自己打理美容店外，还要去饭店打工。2006 年 9 月 21 日，妈妈以 40 岁的高龄生了我。我刚刚满月，妈妈就每天背着我去工作。坐车时，妈妈就把我放在背箱里，可我一进去就哭，妈妈无奈，只好再花大价钱给我请了一个保姆，直到现在，还是保姆送我上下学。令人高兴的是，我妈的生意越来越好，不知道是我给了妈妈越干越好的勇气，还是我真的给妈妈带来了好运，妈妈的事业一直在稳步发展。

我只想再对妈妈说一句："妈，您辛苦了！"

点　评

真是一个伟大的妈妈！如果妈妈可以看到孩子这样理解和崇拜自己，那么一定很欣慰，证明妈妈的辛苦没有白费。

你的好，谁也感受不到

东山小学　庞彧

要问谁对我最好，那就要数我爷爷了。可是他的好，我却感受不到。

爷爷平常对我最好，放学后，我要求什么，爷爷就给什么，从来不会拒绝我，而我也早已习以为常，觉得一切是理所当然的了。

很久以来我都感受不到爷爷的好，直到有那么一件事，我深深地感受到了爷爷的好。有一次，他接我回家，还没到家门口，他就下了车，不知从哪儿弄来一堆纸箱子，带我来到菜市场，给了一个陌生的爷爷，那个爷爷给我爷爷13元钱。

我坐在自行车后面说："我渴了，爷爷，我要吃水果。""好！"爷爷带我来到了一家水果店，我们要了个香瓜。营业员小伙子说："13元5角。"爷爷身上只有13元，不够啊！爷爷想了想，对小伙子说："这样吧！先给你13元，5角明天给，好吧？"没想到小伙子竟然同意了。

回家后，我用刀轻轻地切开香瓜，一股香味扑鼻而来，不！这不是一般的香，这是满满的爱带来的柔和的香，温暖的香……

啊！爷爷，我永远爱你！

妈妈的妈妈是外婆

赤壁路小学 方悦宁

我的妈妈、爸爸都是外地人。自从妈妈来到南京，外婆怕妈妈苦，所以来到南京给妈妈烧饭做菜，外婆一直对妈妈很好。我出生后，她更是把我照顾得无微不至的。

最近，科学老师叫我们养蚕，虽然有蚕，却没有桑叶。前几天我就求外婆帮我找桑叶，我觉得她也不会当个事儿，也没有多想。没想到今天早晨，她却说找到了桑叶带我去摘。我们走了很久，来到一片小树林，外婆指着最小的那棵树告诉我那就是桑树。桑树绿油油的，看来还没有被人发现。外婆好厉害，能找到谁也找不到的桑树。

我笑了笑问："这么高怎么摘呢？""当然有办法！"她从大树底下拿出一根晾衣杆，得意地说："我藏好的。"说着举起晾衣杆使劲伸向桑树枝，把几根树枝钩下来，伸手摘了几片大桑叶。看着她那苍老的大手在树枝间不停地左右摇摆，我觉得外婆真了不起。为了我，她能到这么大老远的地方找桑叶，还能绞尽脑汁地帮我想出办法把桑叶弄下来，帮我完成各种各样的事情，看来，她真的是把所有精力都放在我身上。想到这里，我告诉自己一定要对外婆更好！

点 评

　　这位小朋友绝对是心思细密、感情丰富的孩子，这样的小事在很多人看来应该是微不足道，可是她却用一组动作描写把外婆的"爱"写了出来。尤其是题目起得好，"妈妈的妈妈"，这样就有了传承，爱是一代一代传下去的，现在接力棒也在你小小的手里攥着。

可怜的狗狗

新城小学　程一丁

　　那天，我高高兴兴来到"放牛班"，看了看表，发现离上课还有一段时间，就去旁边的小巷子散步。

　　我一蹦一跳地走在路上，心情像阳光一样明媚。这时，我突然看见一个人，挥舞着一把扫把，在追赶着一个花花绿绿的东西，走近一看，那是一只红色的流浪狗。它的身上沾满了泥巴，看着胖乎乎的，可是，那人在打它时，它的毛就深深陷下去。原来它没有东西吃，所以，身子瘦得像是皮包骨头，一打就软绵绵的，像要折了似的。而且，这儿的人不喜欢它，没事就打它，让它的毛失去了原有的光泽，还留下了一条条伤痕，把原来就红的毛染得更红了。一股同情的热浪涌上我的心头，我对妈妈说："瞧，那小狗多可怜呀！""可怜是可怜，可你闻它的臭味，可要离它远点。"那委屈的小狗"呜呜"地叫着，好像在说："可怜可怜我吧！"我的鼻子一酸，眼泪就在眼眶里打转了。我们走远了，可我还看着小狗离去的地方，像在回忆远方的亲人。我的心酸溜溜的，我想："唉，现在的人真是的，我们要爱护它们，不能排斥它们呀！每个小动物都是生命，生命是宝贵的！"

　　对呀，是生命都值得珍惜，我们要认识到别人的痛苦。

天底下为什么会有这样的人

拉萨路小学　傅慕怡

　　每天，我们小区里一位姓刘的阿姨会来到我们家打扫卫生，她是我们家的保姆。

　　日复一日，年复一年，她天天到我们家打扫卫生，有时候还会送我上学或者接我回家，我觉得她十分辛苦，但她脸上总是洋溢着灿烂的笑容。

　　她不仅是我们家的保姆，还有许多人家都请她去家里打扫卫生。即使空闲的时候，她也不闲着，她会到一些小型茶馆当服务员。虽然她这么辛苦，但拿到的工资却很少。

　　一次，刘阿姨不小心把某户人家的一个花瓶打碎了，那家主人回来之后暴跳如雷，只见他的眼睛瞪成了两个"大铜铃"，张嘴便大喊要罚刘阿姨钱，还罚她一个星期包括周末都要帮他家打扫卫生，而且这个月的工资也要减去一半。我真替她难过，如果要是我的话，我早就罢工不干了！可没想到的是，她居然还能整天乐呵呵，碰到认识的人就热情地打招呼，就像这件事没发生一样。

　　她告诉我，她有两个孩子，她老公也是干粗活的。为了供孩子上高中，他们俩无论多累都不会停止工作的。听到这儿，我不禁泪流满面……

点 评

　　这个世界就是这样的不公平，就是有"这样"的人。正是因为有"这样的人"，才更需要有你"那样的人"这样，这世界才变得更加温暖。

卖韭菜合子的爷爷

琅琊路小学　李昊阳

有一天，我上完了课，在回家的路上看见一位老爷爷。

这位老爷爷一直在卖韭菜合子，只见他满脸皱纹，戴着一顶帽子，身上穿着破旧的衣服。

我看到他，又看看手里的"全家桶"，突然觉得很愧疚，就小声地对妈妈说："妈妈，我们去买几个韭菜合子吧！""'全家桶'还不够你吃吗？""我们买几个韭菜合子，这样才可以让老爷爷快点卖完，多挣点钱，早些回家呀。"妈妈答应买了几个。回家我吃了，"哇，真好吃！"

大概过了一年，我都忘记了那个老爷爷。有一天我放学回家时，恍然看见了那个卖韭菜合子的老爷爷，还是原先的样子，坐在那里卖韭菜合子。这一刻深深地打动了我。

我问："爷爷，韭菜合子多少钱一个？""很便宜的，一个3块钱。""那买5个吧！"他咳嗽了几下说："好的，马上给你，稍等一下。"等拿到手我说了一声"谢谢"就走了，因为我不敢看老爷爷那张满是褶皱的脸。

点评

真是一个敏感、多情的孩子，祝你幸福！看来韭菜合子比"全家桶"好吃呀！因为韭菜合子有你的爱。

蚊 子

赤壁路小学　魏阳天

　　我是一只蚊子，天天饥一顿饱一顿的，没人同情我，没人帮我，没人给我食物，饿的时候喝一口红色的液体，下雨的时候我只能躲在某个怪物的家里。扫兴的是，我并不是总能喝上红色的液体，如果没有的话，就只能去喝一些叶子的汁液，虽然是有苦有甜的，但也能抵挡一阵饿意。运气不好的时候，说不定会被终结者——蜘蛛吃掉。一到盛夏，我们就可以开心地喝着那些怪物的血了。

　　但是我们只能在夜晚行动，因为如果我们白天行动的话，要不被这 220 伏的电压电死，要不就是给这超级毒的液体毒死。而且他们还会想办法熏死我们，在床头放个有薄荷味的香薰就能把我们熏个半死。

　　所以你看，做蚊子容易吗？

点 评

　　"暮春三月，羊欢草长，天寒地冻，问谁饲狼"，你有一颗博大的爱心。

马儿的痛苦

力学小学 赵丁语

寒假中，我们一家人去哈尔滨游玩，来到雪谷，我们的大巴车停了下来，导游小六兴奋地说："明天我们要从雪谷穿越到雪乡，将翻越羊草山，全程 15 千米！大家谁要坐马车，晚 8:00 在餐厅和我说。"

我下了大巴车，正好路过一家人的院栏边，发现院子里有 4 匹被麻绳套着的马儿。我不由自主地走近马儿，看见它们身上血痕满布，皮开肉绽，被麻绳套住的地方都露出了血迹，更严重的连骨头都露出来了！这里的人不在乎马儿的死活，只顾着自己拿钱，养活自己。

出来之后，我坚决不坐马拉雪橇了，我要步行 15 千米，不让马儿多吃苦！我真希望没有任何人坐马拉雪橇，把马放生到草原上自由奔跑！

第二天，我看见我们导游小六居然坐上了马拉雪橇，还招呼大伙儿都去坐，我才不坐呢！我气极了，真想把他拉下来，让他拉着马儿，让马儿不再吃苦。假如动物成了人，人成了动物，这个世界又会是怎样的呢？我真希望动物们都不受苦呀！

我是一只鳄鱼

古平岗小学　王麓玮

在河岸旁，我小心翼翼地巡视着我的领地，这几年偷猎者疯狂地捕杀鳄鱼，做成各类皮制品，导致鳄鱼数量急剧减少。我和儿时的伙伴杰克，可能是这条河里最后的两条鳄鱼了。有一天我回到水中，正想捕食水鸟充饥，"砰"一声巨响，水鸟受惊飞起，我也吓得心惊胆战，那声音的来源，便是夺走我千千万万个伙伴生命的凶器——枪。

好奇心使我过去一探究竟，刚爬到枪声响的附近，我便愣住了：杰克一动不动地趴着，几个人在剥它的皮，我恨不得冲上去杀了他们，可败者终究是我。啊！贪婪的人类，你们终将会受到惩罚，现在只剩下我一条鳄鱼了……

下午，我饥肠辘辘，刚爬出河，一团肉出现在我的眼前，我不管三七二十一吞了下去。刚吞下没一会儿，我的肚子突然痛起来，几分钟后，我疼得几乎昏过去了。突然一个人向我走来，原来我腹痛是因为他，我挣扎着爬起来咬断了他的气管，我眼前一黑，离开了"人世"。

第二年，我转投人胎，才知道，那团肉里有玻璃碴儿……

点评

站在鳄鱼的角度讲了一个人和自然非常不和谐的故事。如果是原始人为了果腹，猎杀任何生物都是可以理解的，可是现在是文明世界了，有些人的贪婪比野蛮人还要令人讨厌。

流 浪 狗

南外仙林　司徒心悦

在我们小区里曾经有一只可爱的中华田园犬，它刚来到这里时很怕人，但小区里的人都很热情，渐渐地它和大家都熟悉了。大家都很喜欢它，因为它皮毛乌黑发亮，所以人们叫它"小黑"。

小黑生了7只小狗，其中5只小狗分别被不同的人领养了，还有一只在散步时，被路过的汽车给活活轧死了！它好可怜！小黑无奈地望了望垃圾桶里自己孩子的尸体，耷拉下尾巴，伤心极了……

小黑和它仅剩的一个孩子跟在一家人后面出去散步，不知怎么搞的，它们俩走丢了！小区里的人都很紧张，生怕它们母子俩出事儿，毕竟小黑已经来到这儿两年了，已经是小区里的一员了，少了它，大家都开心不起来。突然有一天，不知是谁把小黑给带了回来。一大早，我去上学，只见它摇着尾巴，一颠一颠地跟在我后面，可是唯一的孩子却不见了踪迹……

唉，原来小黑有7个孩子，现在却一个不剩了，那些孩子都还好吗？它多可怜啊！要是有一户好心人家能收养它该多好啊！

手

游府西街小学　顾北辰

爸爸和妈妈的手完全不一样！妈妈的手是细长的，而爸爸的手是短粗的。但是他们的手都有一个相同点——都为了我而"变"老了。

记得小时候，第一天开学的时候，我背着满书包的书，书包重得好像一块天上的陨石，我想将它拎起来都很难。当我走到校门口时，已经累得满头大汗了，可是出了校门，爸爸一把就把书包拎起来，爽快地将它背在自己的背上，一面笑一面对我说："儿子！你看！我有没有一点儿学生劲儿了？""有！哈哈……"我们此起彼伏的笑声在马路上回荡着。我展开爸爸的手，看到上面有两条书包带的印迹。

我平时最爱吃的饭菜是谁做的？妈妈！每天一到家，妈妈就赶紧到厨房，认真地炒起菜来，一闻到香味，我口水都要流下来了。一天，妈妈为我端饭，我不经意地一看——两条浅浅的细印刻在她的手上。

一条小小的印子，却饱含了爸爸和妈妈对我的付出。

点评

　　"手"，题目好，角度好，选材好。别人都写大事，就你写身边的事，写爸爸和妈妈的手，平实的作文里却埋着最好的"感情"。

奇怪的老爷爷

扬州市江都实验小学　杜诗娴

在我家楼上住着一位老人，他年近八十，每天都要上下楼拿晚报，虽然我们这栋楼有电梯，但他从来不坐。

一听到门外有"嘟嘟"的声音，一定是他来了。我有时候会碰巧遇见他，只见他一边扶着栏杆一边拄着拐杖，慢慢地下楼梯。我就悄悄地跟在他身后，真怕他摔倒。他慢慢地走呀走呀，终于到了楼下，他一手扶着墙一手缓缓地放下拐杖，像电影里的慢镜头一样坐在一张椅子上，然后就盯着眼前的这条马路一动不动。有时候从楼上看见他，他一动不动地坐在那里，感觉已经在那里坐了一辈子了。约一小时之后，一辆车"嘎吱"停下来。一个年轻的小伙子下车递给老爷爷一份晚报，和老爷爷打了声招呼就走了。老爷爷的手紧紧攥着那份报纸，把报纸贴到了鼻子上，就那么紧紧地贴着，然后老爷爷就晃晃悠悠又上楼了。

今天外面下起了大雨，我又听见了"嘟嘟"的声音，我开了门，对爷爷说："今天人家不会来的，您还是回去吧。"他摇了摇头，继续拄着拐杖下楼。我从楼上看到他举着伞坐在那里，眼睛不停地在马路上扫射，真希望那个小伙子能立刻过来把晚报交给老人。

不知从哪天起，小伙子来了，老爷爷却没有来。从那天起，我再也没有听到那"嘟嘟"的声音了。后来人们说老人死了，他躺在沙发上，手里仍然紧紧地攥着那份晚报。

点评

　　老人真的挺孤独的，有空的时候要多陪陪爷爷奶奶外公外婆。看了你的作文，我决定赶紧去看看我妈妈。

金眼睛

童年的薯片

銀城小学　宋昱道

还记得小的时候，妈妈给我了零花钱，我立刻拿着到楼下去，买了两包薯片。我把一包给了我的好朋友，另一包自己留着。

当时，在我看来，这薯片是用金子做的。它在那个不起眼的袋子里，显示不出它的高贵。薯片睡在袋子里，千姿百态，像一个个睡着了的王子。

如果咬上一口薯片，一天的烦恼全部没了。仿佛回想起了一些快乐的东西。烦恼呢？一开始还有些蛛丝马迹，马上，又没了。

那薯片，是那样的芳香，芳香中，还带着友谊的甜蜜。那薯片，简直像一首动听的歌，那首动人的旋律，仿佛一下子让人豁然开朗起来，真是回味无穷。

细细地品，细细地品，越吃越开心。朋友和我一起吃，我们一边吃薯片，一边眯着眼睛看着远方。一下子，眼前仿佛有金灿灿的光，薯片显得更高贵了。

如果，它不是高贵的，那回忆是珍贵的吗？

点 评

　　友谊，尤其是孩子的友谊，是世上最高贵的感情。是薯片高贵吗？是分享，任何分享都会显得高贵。真羡慕你们这纯洁的友谊，希望每个人都拥有这样纯洁、简单的感情。

　　"万般皆下品，唯有读书高"，这句古老的格言放在今天还适用吗？只是成绩好行不行呢？一个没有同理心的高智商人士很可能是个可怕的"炸弹"。人要有"同理心"的一个主要原因还是出于自我保护。我能看见别人的痛苦并且给予帮助，那么当我遇到困难的时候，别人也会伸出手帮助我。一个自私的人恐怕是不太可能有朋友的。这个世界就是这样，一个人是做不成事情的。现在大多数家庭都是独生子女，爸爸妈妈总有老去的一天，你没有朋友，多孤独。当你需要安慰的时候，谁来安慰你？当你需要陪伴的时候，谁来陪伴你？当你需要倾诉的时候，谁来听你唠叨？

　　当你帮助别人的时候，你也有了存在感，有了价值，毕竟你是被需要的，而不是一无是处的。那种成就感也会让人的内心充实起来，当你伸出援手的时候，你也就不那么空虚和孤单了，正所谓"送人玫瑰，手有余香"。

　　我在教这一课的时候最担心的是孩子们写不出作文，我想现在的孩子都是泡在蜜罐里长大的，怎么会看见另外一种生活呢？很显然我低估了孩子们的善良和敏锐。竟然有这么多让我看了眼睛湿润不能取舍的作文，索性就都放在这里了。这让我相信，每一个孩子都是天使。

第二章

我的同学张勇鑫

写人要写这样的人

人物描写是小学生写作必修内容，很多同学不知道写什么，更不知道怎么写。要我说，写人就要写"好玩儿"的人，或者说写某人"好玩儿"的事。什么才是"好玩儿"的人呢？来看看这位……

1. 我有一个大学同学叫张勇鑫，这个人特好玩儿。一开学，他就把我们教室当成他的训练场地了。他有三大爱好，第一个爱好是摇滚乐，他会弹吉他。他把家里的乐器都拿学校来，放在教室里，下课就弹，坐在窗前深情地唱猫王的歌《你是我最亲爱的》。

2. 他那些乐器都是电子的，声音特别响。别的班老师总找来，让他不要把乐器拿到学校来，我们又不是音乐学院。他说："老师，我觉得我们应该全面发展，其实音乐和绘画是紧密联系在一起的，不信你问问克利①。"我们老师说："我到哪儿找克利去呀？"

———————————————

①瑞士现代画家，自幼爱好文艺，并且是业余小提琴手。

3. 他的第二个爱好是健身，他把家里的杠铃全搬来，天天练。我们问他："你练得这么棒干什么呀？"他一边举杠铃一边说："我们年轻人一定要身体棒，为国争光。"

4. 为了增强体质，每天他要吃好多鸡蛋，他抽屉里全是鸡蛋，一开抽屉，"骨碌碌"滚出一堆鸡蛋。冲上一大杯奶粉，然后拿出一个鸡蛋，他拿鸡蛋在自己脑袋上"咔"一砸，剥完皮整个放嘴里，喝一口牛奶。老师就说："勇鑫，你能不能别在教室吃东西？"他一边咀嚼着鸡蛋一边说："老师，我饿！我饿！"

5. 他的第三个爱好就是画漫画，不管画谁只要寥寥几笔，那个人的形象就跃然纸上了。我会画漫画就是和他学的。冬天下大雪，操场上白茫茫一片，他下楼用鞋子在操场上画了一个巨型的老师头像，从楼上往下一看就是我们老师，所有人都趴在窗户上往外看。

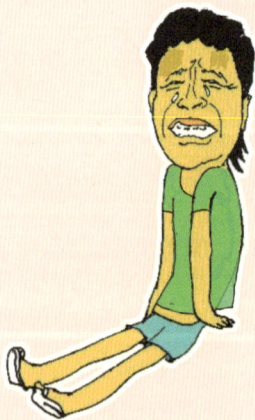

6. 这么一个好玩儿的家伙，你却只能和他玩儿，千万不能和他一起办事儿，因为他有个大毛病——严重的不靠谱。有一次我俩路过秀水街，因为他有俄罗斯血统，那些摊主还以为他是老外呢，就和我说："你把老外拉过来买东西，我给你提成。"原来他们把我当成勇鑫的翻译了。于是我们走过去，一边摆弄着摊位上的东西，一边装模作样地用小学学的英语课文的内容交谈。"What's your name?" "My name is Gogo." 最后他挑了一条玩具蛇，又看看我说："How are you?" 我说："I'm fine, thank you."

7. 我转头"翻译"给摊主说他现在没有带美元，我们要去街口找他的朋友要美元再回来。人家摊主也不傻，就派了一个伙计跟着我们去拿钱，跟了一段，勇鑫忍不住说了一句中文："咱们跑吧。"结果没有跑掉，被人家揍了一顿。通过这件事，我们深刻地认识到："做人要诚实，不要乱秀英语。"

看，我们这个同学多好玩。写人就要写这样的人，写一个有个性、有特点的人。我们看《小淘气尼古拉》里面的每一个角色都是"最什么什么"：最贪吃的亚三，最能跑的科豆，最能胡思乱想的尼古拉。为什么一定要选这些"最"来写呢？因为"最"什么什么的人最有个性、最好玩儿。如果一个人和我同班一个学期了，我都叫不出他名字，他长得不高不矮、不胖不瘦，平时低调得仿若隐身人，那么这个人不适合做文学主角，就不要写了。

有同学说了："老师，我身边的人都不好玩儿，都没有什么有意思的事，怎么办？"我呀，不太相信这话。你的大家庭，你的小区，你的学校，你的城市……每天你都要跟很多不同的人相遇，难道一点儿有意思的事情都没有？就算如此，你还可以从故事书中，从电视上找找灵感吧？找一个有意思的人，只要你有心，这不算困难的事。

幻想狂

打架大王

爱哭鬼

调皮大王　贪吃大王

53

写人先进行"外貌描写"，外貌描写可以让读者在最短时间内了解"这个人"的基本特征，可以对"这个人"有个印象。"外貌描写"一定要有，任何"描写"都可以锻炼"描写"的能力。

但是"外貌描写"不是重点，重要的是他干的事情。所谓什么人干什么事。你说这人"有意思"不行，"特有意思"，就是"特别特别有意思"也不行，你得有事例，从这个人干的事情上就能够看出这个人是否"有意思"了。也不是所有的事情都要写，挑几件特别的，给人印象深刻的事情来写。

这种作文可以使用"总分结构"。"总"就是"总写"，"总写"就是"大概地、笼统地、概括地"写。"总"概括这个人的性格特点，也可以加几句外貌特征。不要小看这个"总写"。"总写"可以写到整篇作文的三分之一或者二分之一呢，一个五百字的作文，你的"总写"写了一百来字，后面是不是就没有什么压力了呢？这样作文字数就有保障了。

"分"就是"有一次"，就是分段叙述一件或者几件有意思的事来进一步表

现这个人的性格特点。作文里面最好只有"一次"，因为这样就有重点了。如果实在写不长，那再写两件事也没问题。但是要注意两点：一是要"详略得当"，三个故事不能一般长短，要有侧重；二是要把"有一次"隐藏起来，不能老说"有一次""还有一次""又有一次"。

最后，写人物的时候，还是要有"我"的参与，要知道我们不是一架没有感情的摄像机，不是一个简单的旁观者，而是参与者。你和"主人公"一定要有交集，有互动，要有你和"他"之间的故事。

注：本章插图由张勇鑫绘制。

　　世界名著《堂·吉诃德》，作者是西班牙人塞万提斯。像堂·吉诃德这样的人物以前的书上都没有出现过，可以说是一个原创性人物。他肯定是个与众不同的人，我们不能简单把他看成疯子。面对邪恶势力，他敢于单枪匹马挑战。"虽然那只是他想象中的邪恶"，但是这种"虽千万人，吾往矣"的勇气却是值得我们学习的，这个世界太需要堂·吉诃德式的人了。

堂·吉诃德大战风车①

作者：〔西班牙〕塞万提斯

　　这时候，他们远远望见郊野里有三四十架风车。堂·吉诃德一见就对他的侍从说："运道的安排，比咱们要求的还好。你瞧，桑丘·潘沙朋友，那边出现了三十多个大得出奇的巨人。我打算去跟他们交手，把他们一个个杀死，咱们得了胜利品，可以发财。这是正义的战争，消灭地球上这种坏东西是为上帝立大功。"

　　桑丘·潘沙道："什么巨人？"

　　他主人说："那些长胳膊的，你没看见吗？有些巨人的胳膊差不多二哩瓦②长呢。"

　　桑丘说："您仔细瞧瞧，那不是巨人，是风车，上面胳膊似的东西是风车的翅膀，给风吹动了就能推转石磨。"

　　堂·吉诃德道："你真是外行，不懂冒险。他们确实是货真价实的巨人。你要是害怕，就走开些，做你的祷告去，我一人单干，跟他们大伙儿拼命好了。"

　　他一面说，一面踢着坐骑冲出去。他的侍从桑丘大喊说，他前去冲杀的明明是风车，不是巨人。他满不理会，既没听见桑丘叫喊，跑近了也没看清是什么东西，只顾往前冲，嘴里嚷道：

――――――――――

①节选自小说《堂·吉诃德》。
②哩瓦：西班牙长度单位名称，1哩瓦合6.4千米。

"你们这伙没胆量的东西！不要跑！来跟你们厮杀的只是个单枪匹马的骑士！"

这时微微刮起一阵风，转动了那些庞大的翅翼。堂·吉诃德见了说：

"即使你们挥舞的胳膊比巨人布利亚瑞欧的还多，我也要和你们见个高低！"

他说罢一片虔诚向他那位杜尔西内娅小姐祷告一番，求她在这个紧要关头保佑自己，然后把盾牌遮稳身体，横托着长枪飞马向第一架风车冲杀上去，他一枪刺中了风车的翅膀，翅膀在风里转得正猛，把长枪进作几段，一股劲儿把堂·吉诃德连人带马直扫出去，堂·吉诃德滚翻在地，狼狈不堪。桑丘·潘沙赶紧来救，跑近一看，他已经不能动弹，驽骍难得把他摔得太厉害了。

桑丘说："天哪！我不是跟您说了吗，仔细着点儿，那不过是风车。除非自己的头脑给风车转糊涂了，谁还不知道这是风车呢？"

堂·吉诃德答道："甭说了，桑丘朋友，打仗的胜败最拿不稳。看来把我的书连带书房一起抢走的弗瑞斯冬法师对我冤仇很深，一定是他把巨人变成风车，来剥夺我胜利的光荣。可是到头来，他的邪法毕竟敌不过我这把剑的锋芒。"

桑丘说："这就要瞧老天爷怎么安排了。"

桑丘扶起堂·吉诃德，他重又骑上几乎跌歪了肩膀的驽骍难得。他们谈论着方才的险遇，顺着往拉比塞峡口的大道前去，因为据堂·吉诃德说，那地方来往人多，必定会碰到许多形形色色的奇事。

1.写一个有个性的人。写写你身边"最"什么的人，最淘气、最讨厌、最搞笑……总之，这个"最"就代表了个性。

2.要有事例，有重点。

我可爱的妹妹

游府西小学　顾逸文

我有一个可爱的小表妹，除了可爱外，她还是一个"小财迷"呢！

某一年的春天，我正站在窗前观赏春景，突然，我身后传来"阿嚏阿嚏"的声音，我转身一看，原来是妹妹正在打喷嚏。妈妈听到妹妹的喷嚏声，赶紧过来说："呀！你咋打喷嚏了？是不是感冒了？我带你去医院看看。"妹妹见状，赶忙说道："姑妈，我没事儿，有去医院的钱还不如省下来给我呢！"

"你这小财迷，快点跟我上医院！"妹妹只好跟上我妈的脚步。

到了医院，医生说果然是感冒，要输液。一听到"输液"这两个字，妹妹就害怕得要命。一想到妹妹输液时的表情，我就忍不住笑。

输液的时候，妹妹简直要哭了！不停挣扎，但还是逃不过妈妈的"如来神掌"。输完两瓶，还剩下最后一瓶，妹妹怎么也不肯输，这时，我这个天才灵机一动对妹妹说："人家是买二送一，这样的优惠，你难道不要？"妹妹一听，非常兴奋，屁股在椅子上坐正，眼睛都开始放光，好像在想："这样的机会肯定很少，我一定要坚持住！"果然她变得乖了许多，顺利地输完了第三瓶。

这就是我的妹妹，你觉得她可爱吗？

点评

写家人一般都是夸奖，都是溢美之词。能从"财迷"上来写，就有趣了。关键是事例很好玩，真是"财迷心窍"的感觉呀，我看着都乐了。

吹牛大王

鼓楼一中心小学　曹云菲

　　我的同桌王振亦是吹牛大王。有一次他去学羽毛球，我也想去。他同意了，于是我们朝体育馆走去。到了体育馆，王振亦吹牛说："我是这儿打羽毛球打得最好的哟！""真的吗？我不信。"我好奇地说。

　　过了一会儿，教练吹响了哨子，说过几天会有一场比赛，我们来比一下，选几个人参赛。王振亦和其他人都很高兴。

　　哇，王振亦打得真好，竟然打出了 0：11，但是，他是 0，哈哈哈哈哈哈哈哈。看王振亦伤心的样子，我说了个反话："其实你打得很好。""真的？"王振亦高兴起来了。"当然了，如果他们都是足球队的，你一定能赢。"我说。

　　哈哈哈哈哈，他差点哭了。他还真是吹牛大王。

点评

　　这个作文差点儿没有把我笑死。我觉得作文里面有那么多"哈"，肯定是作者写的时候憋不住笑，就把笑声都写出来了。

幽默的爸爸

仙林外校　顾畅

　　我的爸爸个子不高，眼睛不大，皮肤不白，倒有一层双下巴和柳叶薄唇，头发还有点自来卷。在他高兴时，你跳他头上拔他毛都行；不高兴时，呵呵，当心，别作了，不然等着他的那句"小孩兴必有祸"吧！

　　老爸在别人眼里是个风趣幽默的人，脾气很好，但在我眼里，却是个坏脾气的"独裁者"。三岁时，我因为拍照不配合，又不巧碰上他心情不好，便被他说了一顿。

　　但我不否认他的幽默，那次他带我去他朋友家，朋友的爱人没见过我老爸，碰巧我们去时她买菜去了。老爸让我赶紧把鞋收好，回到屋内关上门。自己在第一道门后装作在做饭，我趴在门后面偷听，瞧老爸那样，就像在自己家一样，悠闲得不得了，仿佛本该如此，他才真的是住在这儿的主人。

　　"叮咚！"门铃响了，女主人回来了，老爸打开了门，一边在围裙上擦手一边问："请问有事吗？"阿姨看见爸爸愣了下，直说："没没，我走错了，对不起，对不起！"我快笑喷了，看老爸那样，真不知道他怎么演的，不知情的人还真以为是那位阿姨走错了。看看他的朋友们，一个个笑得前俯后仰，腰都直不起来。那阿姨挠着头出了门，抬起头看看门牌号发现没错。在她出去那一会儿，我又把鞋子拿了出来。透过门镜我看见阿姨一会儿抬头看看门牌，一会儿又看看家门，最后终于鼓起勇气，再次按响了门铃。开门后大家笑着七嘴八舌地告诉她真相，她也笑了起来。

老爸可真会演，我也要好好防着他，否则下一个被耍的人就是我了。老爸带来了"五指山"，也带来幽默，希望他不要再发火，努力做一个"别人家的老爸"。

点 评

哈哈，真羡慕你有这样的老爸，一个孩子气的老爸比一个满脸严肃的老爸可爱多了，最重要的是，这样的老爸也有自信，还会把自信传染给你。

三 面 派

仙林外校　陈静茹

田风在我们班可是个奇怪的人。一双小小的眼睛里透出的都是琢磨人的目光。每次你看到他时，他脸上一定会有一道道脏脏的印记，或许是在哪儿蹭的。不过一般都是手上的脏东西擦上去的，看上去感觉好可怜似的。他的手指上总是有墨水、泥土……看着就让人同情。

说他"奇怪"是因为他的行为让人费解，我们不知道他为什么总是"两面三刀"的。

上课时，他就装出一副很乖巧、很聪明的样子，老师喊他起来回答问题的时候，他就跟一只小白鼠一样，小声地回答完问题就乖乖地坐下。作业没交被数学老师罚站，他就双手规规矩矩地放在大腿旁，低着头好像犯了滔天大罪似的。更可恶的是，他竟然是数学老师最喜欢的学生，课本作业他提前写完了一页，而我提前写完了两页，老师却夸他效率高。

而一下课呢，他就立马跑出教室，每次第一个出教室的准是他。看他那样子还真以为他要去救火呢。其实呢，他却是去外面折树枝了，他像个猴子一样矫健。有一次，不知道是不是故意的，他把树枝直接往我身上扔，扔得还挺准，不过幸好我身手敏捷躲过去了。

星期五放学，他妈妈来接他，他就很孝顺的样子，又是帮着提包又是拉东西的，看着他妈妈搂着他远去的背影，我心想，这是个未来的表演艺术家呢。

点评

看了你的作文，我怎么想起契诃夫的小说呢，你描写人的功夫真是一流，生动又准确。

咱班的"大神"

北京东路小学　俞宋堃

　　我们班有一个名副其实的"大神"，他竟然会用水果来画画！

　　美术课上，他若无其事地拿出几个橘子，又旁若无人地拔出了几支蜡笔。这时，几个同学发现了大神"神经病发作迹象"，便一传十，十传二十，很快传遍了全班，大家都凝神屏息地等待着这历史性一刻的到来。只见这位大神不顾旁人，又将橘子分成了几瓣，拿起一瓣用力一握，一滴滴橘子汁滴了下来，他又拿起果肉塞到嘴里，脸上洋溢着开心以及被别人称赞的骄傲神情。没多久，一个橘子就消失在了他的胃和调色盘中。他的画颜色还挺好看的，就是有点淡。

　　那么，蜡笔又是用来干吗的？

　　原来，他要让蜡笔在高温热水中溶解，去除掉杂质，就成了颜料！

　　其实，那天他忘了带颜料，就头脑一热，创造出好吃又好画的水果颜料和加热蜡笔做成的神奇颜料。他用这些颜料画了幅画，当老师看见这幅画的时候，竟说了一句："嗯，闻上去你的画很别致呢！"

　　大家应该都对《蒙娜丽莎》很熟悉吧。这位同学又画了一幅大作——《狂笑的暗夜鬼精灵》，名字长，听上去十分恐怖。这幅画之所以被称为"他的大作"，是因为《蒙娜丽莎》是无论在哪儿，你都认为她在对你微笑，可《狂笑的暗夜鬼精灵》却是无论在哪儿，它都用那充血的红眼睛看着你，用那口参差不齐的黄牙对着你狂笑……

　　这就是咱班那位神一样的"大神"。

点评

　　这人真是大神，那些硬核科学家小时候都有点这样疯疯癫癫的吧？我们普通人不但不应该笑他，而且应该学习他，至少也要宽容他。

少年法布尔

金陵中学河西分校　郑淇元

我们班有一个小科学家名叫唐哲。他喜欢小虫子，连他的铅笔盒里都有小虫子。

一天，我们去上体育课，老师让他去办公室取足球，半天他都没有回来，老师让班长去找他，没想到他竟然蹲在角落里捉虫。我们跑过去一看，呵，真的有一只蜗牛。老师后来让他回到队列里，他好像还很不高兴呢。下课回到班上，他就从口袋里拿出他的战利品——那些各种各样的虫子。他把虫子放在铅笔盒里，先把铅笔盒打开一点点，然后高兴地说："快来看啊，蜗牛头伸出来了。""嗖"一下，就把蜗牛的头吓回去了。

更没想到的是，他中午把他捉的蜗牛放到他吃过饭的饭盒里。被校长看到了，校长说："唐同学，虫子放饭盒里不好，如果你想给它吃饭，可以找食堂阿姨要！"他满脸惭愧地说："知道了。"

也就是在这件事以后，他经常给我们班提供虫子。好多人都和他一样迷上了虫子，其他班都管我们叫"虫子班"，可是我们还挺高兴的。

小唐同学，长大肯定可以成为一名生物学家！

"法布尔"二世

力学小学　凌梓玄

　　他，和法布尔一样，喜爱昆虫。他经常趴在草坪上，一动不动，聚精会神地盯着什么东西看，大家都不知道他在干什么。等到他站起来，手中便多了个会动的小东西，不是绿的，就是棕的、黑的……他把它们小心地用纸包住，放进口袋，带回家观察它们。他不放过每一只小虫子，连家里的蟑螂都抓起来，放在一个透明小盒子里，观察着。他家的书架，不能叫书架，只有几本书，剩下的全是透明的瓶瓶罐罐，里面装着各种各样的昆虫。

　　去野树林玩时，他远离大部队，自己溜了。大家找不见他，非常担心，便在树林里呼唤起来，可是不见回音。过了一会儿，只听见远处传来一声大叫："抓到你啦！"大家闻声赶去。只见他坐在一个大树的枝丫上，全身都是土，脏兮兮的。他向下面的我们挥挥手，说道："快看呀，我抓到了一只蝉！"大家连连摇头说："你快下来，我们要回去了，别再抓虫子了！"他不听，一摇头："不！我还要抓！"在大家苦口婆心的劝说下，他才依依不舍地爬下树，掸掸土，擦擦汗，说："今天收获可真不少呀！"

下雪时，他拨开积雪，四处翻找着在泥土里的小虫子。尽管他冻得瑟瑟发抖，两手冻得通红，但他还是咬牙坚持着，终于抓了一条长长的蚯蚓，可自己也得了重感冒，高烧不退。我们去探望在病床上的他，他笑着，自豪地说："用一次小生病换一条长蚯蚓，还是比较值得的。"

点评

好像还挺"勇敢"！呵呵。

怪 小 孩

拉萨路小学　殷悦 书

在暑假班里我认识了一个叫牛小陈的小孩儿。

他非常奇怪，整天沉浸在自己的世界里。有一次在上课时他突然站起来像梦游一样走上讲台，躲在马老师的后面，仔细地观察着垃圾桶，过了一会儿又走回座位上说："真好玩啊！"我们顿时被逗得哈哈大笑。还有上次我们正在写作文呢，突然，他发出了"嘭"的声音，很多同学都说："你干吗啊？烦死了！"但是他一点儿也不在乎我们说的这些话。我觉得牛小陈这个小孩儿并没有打扰我们，因为他就在梦游，可以说他大部分时间都在梦游。倒是我们不应该去打扰他，听妈妈说梦游的人是不能把他叫醒的，否则会出危险。

牛小陈下课的表现也和我们大伙儿不一样，我估计就算下课也不能惊醒他的梦游吧。你看，其他小朋友都在打打闹闹，只有牛小陈像一阵风一样冲出教室开始寻找门口那些放在展板上的作文有没有多出来的一页。终于找到了，他开始像被激怒的狮子一样撕剩下的一页，有时候撕不下来他还大哭起来，就想把那一页撕下来。就算妈妈抱着他，阻止他，他也要顽强地完成他认为重要的事情。

不知道为什么，马老师说他长大了会是个很厉害的人。

我就是我

力学小学　郭智允

我是一个怪小孩！我就是比别人特殊！

有一次，妈妈叫我去买青菜和酒。但我连一个子儿都没带，到那儿后，我怎么都找不到钱了，我以为我把它丢了呢！我只好做着什么白日梦漫步回家，我只能睁着眼睛在路上做梦，梦见了我变成了神仙，在云上"哈哈"大笑。其实云上，也是路上，路边的人看了我之后，一个劲儿地说我是神经病。然后，我到家了，头居然撞了墙，还在那儿傻笑，一点儿感觉都没有！

终于钱带好了，上路又想到别的事上，我又变成了蜘蛛侠，我用蜘蛛网从这一边蹿到那一边。只见一个叔叔骑着自行车向我骑来，哎呀，叔叔的车倒了，我就是没事，咋样？我的神功不错吧？告诉你，其实我是闪了过去，嘿嘿！

我就是我，是一个奇怪的我，比别人特殊的我。

点　评

"怪人"能认识到自己的与众不同吗？也许吧。但是这个一点都不重要，最重要的是你觉得自己与众不同的时候，你的思想就发生了变化，你可能做任何事情都要与众不同，慢慢地，你的思维方式就变了。我个人觉得，对一个人最大的夸奖就是"你很独特"！

我这个人

将军山小学　梅若琦

大人们常说，我是一个很奇怪的人。

我却觉得我很正常。至少，我不会把皮球踢入饭碗，把西瓜摔烂；除了韭菜、大葱、大蒜、洋葱之外，各种主食、肉品、蔬菜，还有鸡蛋和奶酪我都吃。我很好养的，我可以一个人在一处画画、写故事、自言自语。尽管有时我会把门反锁，自己想自己的事，沉浸在自己的世界里，痴呆呆地像个木头人，但我从未做过任何过火的事。我瘦得像一个脱了水的李子，左眼双眼皮，右眼单眼皮，每次只吃一碗饭，不会吃穷任何人。

多年以后，我才知道：我一个 11 岁的人了，但每当一个人问我问题时，我的思维就像踩着香蕉皮一样，"咻咻咻"地飘到一个莫名其妙的角落，开始无限死循环。

比如，妈妈让我去买西瓜，老板极力推荐一个大西瓜，我是这样想的："好大的一个西瓜，会不会加了膨大剂！我拿着大西瓜，万一路上它自己"爆炸"了怎么办？炸到自己还好，万一在公交上"爆炸"，明天新闻会不会报道某地遭到了恐怖袭击。大西瓜要不要买？买！可是如果不甜怎么办？没有甜味的西瓜就像没有自我要求的人生，就像没有臭香的榴莲，这种榴莲我还吃吗？不吃！欣欣叫我与她一起吃榴莲，我本来就不吃，她什么意思呢……"老板急了："你到底买不买？不买边上站着去，别挡着路。"

　　有一回，我要画一只水晶鞋，我躺在沙发上开始想怎么画。可我却慢慢想起了厨房还有一包未拆开的巧克力，毕竟长时间的思维漫游已经让我饿肠辘辘了。

　　我吃完巧克力，竟然忘了我要画什么。画人？画花？画纸上这一大片棕色的是啥？等等，我想到了，是巧克力！怎么会在画纸上？怎么看着像……

　　这就是我，有什么好奇怪的呢？

点　评

　　好就好在你对自己有清醒的认识，当大人都说你是"怪人"的时候，你能够很自信地承认这点，明白自己不是怪，只不过大人们没法理解罢了。

小小"变脸王"

南理工实验小学　毛嘉玮

　　他是我们班的班长，经常在同学和老师之间来回奔跑，对不同的人有不同的态度，其实所有人都有这种习惯，但他却慢慢成了"变脸之王"。

　　身为班长的他经常帮老师搬东西，搬完东西就与同学愉快地玩耍。他在搬作业时摔了一跤反而安慰老师，这是一个典型优秀学生的形象。"没事儿，钱老师，我只是轻轻摔了一跤，没什么大事，您去忙吧！"可等老师走了，一个同学轻轻碰了他一下，他却捂着胳膊大喊："啊！杀人了！我的手臂骨折了！"他这个动作不但没有得到同学的同情，反而被一群女生赏赐一顿"暴打"。这时他又装出娘娘腔，一边说道"死人啦"，一边挥动刚刚"骨折"的手臂……

　　他多才多艺，最爱讲相声，只不过，"变脸"这一大优点也加入了他的相声，他常常以辩论为主题，但正方是他，反方也是他。"本次主题是——谁是圆二"。（他自己的大名，他常常以自己的名字为主题）"大家好，我是圆二。"他一个人分别演两个角色，一个是委婉的圆、一个是张扬的圆。张扬的他梗着脖子、歪着脑袋、猫着腰，像一个斗牛士一样；另一个则缩在墙角，如一只可怜的小猫。只见他变换着表情一会儿蹦到这儿，一会儿蹦到那儿……

　　老师都被他逗笑了，说他长大可以去当演员。他不愧是一个名副其实的"变脸王"！

　　好吧，这也是一种"生存之道"吧，小小年纪就这样聪明。你真是把这个人写活了。

我的同桌

力学小学　高振翔

　　我的同桌叫周舟，我已经和她坐在一起两年半了，所以很了解她。

　　四年级下学期的时候，张老师给我们举行了一次开卷考试，题目可以在"聪明本"上找。我把我的"聪明本"放在我和她的中间线的边界上。忽然我的卷子被一阵调皮的风卷了起来，"呼啦"一下子飞到了教室的后方，我连忙跑过去，把卷子捡起来，拍拍上面的尘土，回到了座位上。

　　可一坐下，我就觉得有点不对劲。"我的'聪明本'呢？"我嘀咕着。"难道本子自己长腿跑了？"我不放心地往桌子下面看了看，嘿！我的本子果然在地上。我的本子怎么会在地上呢？原来是周舟的地方"不够大"，把她的本子推到我这边，我的本子却掉到地上了。不过这是考试，我不能在考试时讲话，只能打掉牙齿往肚子里吞。

　　一下课，我就横眉冷对往她面前一站，大喝一声："你！为什么把我本子弄掉了？"没想到回应我的是一个超级大的白眼儿和一句"关我屁事"。我气得头发都竖起来了。"什么意思？我只占了 1/2，难道这么大位置还不够你放一个本子？"她呢，看也不看，站起来把我往旁边拨了拨，走了。

　　我看着她的背影，像吃了麻辣烫一样，心里的火"呼呼"地往上冒："什么人呀，明明自己错了还不承认，太让人无语了。"

　　这个周舟霸道、无礼、死不认错，真是不讲理！

点评

　　那几个动作描写得真好，一个霸气可爱的小女孩就栩栩如生了。

我可爱的同桌

鼓楼一中心小学　赵从榕

　　我有一个同桌，你说他讨厌吧，他不讨厌，你说他不讨厌吧，他讨厌。但如果你说他是个唱京剧玩儿变脸的，我举双手 100% 同意。他呀，上课一个样，下课一个样。上数学课，他认真听讲，积极回答问题，老师在全班面前表扬他。上语文课，老师讲课时，他就坐得笔直，微微点头。老师一转头，他就开始站起来，秀他的"太空漫步"。

　　有一次在上英语课的时候，老师正在讲题目，他先是一直发呆，老师写板书了，突然他一蹦八尺高，默唱起了"大河向东流"，那屁股扭的，我都不忍直视。但奇怪的是，老师一次也没发现，我怀疑老师就不想管他！

　　他就是"天使"和"恶魔"的结合体。他想问我数学题时，就用那张堆着肥肉的脸笑眯眯地讨好我，如果我没搭理他，他立马找到我原来那个同桌，劈天盖地把我骂一遍。他的可信度就是零，烦死人了！

点评

　　描写的对象其实挺正常的，哪个孩子不淘气呢？难得的是小作者观察到位，那个"坐得笔直，微微点头"很有点儿契诃夫的神韵。

金眼睛

看 海

拉萨路小学　王彦博

我的老家在山东，那儿有一片非常美丽的大海。

来到大海边，我先在沙滩上堆了一个"沙人"。它的样子非常可爱，它拿着一把吸管做的宝剑，就像一名坚定的士兵。后来，我套着游泳圈，扑通一声跳入大海。真是冻死我了，海水的温度好像是零下一千摄氏度一样。可是过了一会儿，我感觉全身暖和极了，我在海里游啊游啊，游啊游啊。

突然，天色渐渐暗了下来。妈妈在远处喊："王彦博！该回家啦！"听到妈妈的话，我不舍地向大海告别。随后，我就慢悠悠地游了回去。上了岸，我刚准备回家，就想起了"沙人"，我在心里默默地对它说"再见"。

点评

　　这篇作文是二年级孩子写的。可能只有这么小的孩子才会把作文写得这么放松吧。娓娓道来，好像他就坐在我面前给我讲他在海边的故事。其实作文和说话一样，你怎么说话就怎么写作文，不要想怎么才能写得漂亮，句子如何美妙。你说话的时候会想这么多吗？随便写，就像随便说话一样。放松！放松了，就写好了。我看见孩子的作文里面有"哎呀，你看""噢噢噢，真没想到呀"这样的句子我就特别开心，因为他就像说话一样写作文，我仿佛看到小作者歪着脑袋嘴里叨咕着的样子，多好！

写人都要写什么？外貌？特长？喜好？都不是，是性格。外貌描写就像环境描写一样，可以增加作文字数。外貌描写不能千篇一律，千人一面，统一都是"水灵灵的大眼睛，像黑葡萄一样"，用这样的句子来形容我肯定就不合适。写外貌要写出这个人的特征，简单说就是要"漫画式"。漫画就是抓住人物的主要特征加以夸张。

人物性格是由人做的事表现出来的，所谓什么人做什么事。很多老师教作文的时候分得比较细，写景文、状物文、写人文……其实只有一种文，就是"叙事文"。无论写什么，都是由事情引起的。没有为了写景而写景的作文，"景"里没人、没事，那是风光片。

所以还是要回忆你要描写的对象做的事情，最好能够选取符合或者强化人物性格的事情来写。有了事例也就有了说服力。但是孩子在选事例的时候可能不会挑选那些符合性格的事例来写，没关系，任何一个讲故事的人，他肯定会选取印象深刻的事情来写，印象深刻的故事也就最能够代表人物性格了。

写事情的时候有一个小窍门，如果只是把事情复述出来，那么这件事情可能太简单或者不那么精彩。可以试着在作文里面加入人物的动作描写，有了动作描写，人物形象就更加生动、丰满了。

第三章
我妈妈
学说真话

1. 我妈妈可是个大名人，院子里的人，甚至几条街外面的人都认识她。因为她即使已经80多岁了，每天出门也要涂脂抹粉，最后头上还要戴上她在苏州买来的大红花。走在街上回头率百分百。

2. 这个老太太回家以后的任务就是搞笑。她眼神不太好，老是闹笑话。有一天，我一回家她就告诉我，今天她发现地上有只蟑螂，她踩、她踩、她踩踩踩，怎么踩也踩不死，还满地转，真是打不死的小强，再踩，再踩，咦，仔细一看是个扣子，哈哈哈！

我
不认识
她

3. 马兰花还小的时候，冬天要出去玩，老太太给孩子找围巾，就从衣架上往外拽一条围巾，一边拽还一边说："这孙冬（马兰花的妈妈）给孩子买的围巾这么薄，还这么老长。"可不，真长，怎么拽都拽不完，直到孩子喊："奶奶，你拽卷纸干什么呀？"哈哈哈哈！

4. 我小时候最不喜欢和她一起去看电影，因为她是个感情用事的人。看到电影里坏人要追上好人了，她就旁若无人地在电影院里大喊："快跑，快跑！"坏人要杀害好人了，她急得直跺脚，真是跺脚呀。那时候的电影院是木质地板，她"咚咚咚"的跺脚声和电影音乐配合得天衣无缝，给童年的我留下深刻印象。

5. 现在这个爱好不但没有改掉，而且还升级了。她有时候失眠，半夜里我睡得正香，被客厅里的骂人声惊醒："兔崽子，你咋不早死呢！一肚子坏水，老天爷怎么不长眼，让你这样的坏蛋活着呢？你也是，他那么欺负你，你就不知道跑？告他，上派出所告他，我还不信没王法了！"我就知道是老妈看什么电视剧又投入太深了，当然还配合着那熟悉的跺脚声。

6. 老太太喜欢看体育频道，尤其热爱中国女排。所有女排赛事绝不落下。这个时候就是她和我一起看戏的好时光，她看球，我看她。到时间了，她坐在摇椅里摇着等着，一副安然的样子。可是比赛开场，她又开启疯魔模式。

7. 如果女排领先，她就只是安静地鼓掌，如果对方发球，她就大喊"荡"，是她自己发明的"咒"语，我估计就是"挡"，让球网挡住人家发的球。如果落后了，就糟糕了，她就开始对着电视机挥舞着事先准备好的围巾、扇子什么的，配合着她有个性的跺脚声疯狂加油。我敢肯定，如果把她带到现场，她的热情一定可以鼓舞女排姑娘。就连她自己也相信自己的威力——女排赢了是她摇旗呐喊起了作用。

8. 我说你那么厉害、那么神，我这么穷，你也给我发发功，让我发财。结果第二天我上班的时候，她跑出来，我还以为她有什么事儿呢，只见她举着一面小旗子说："加油！"

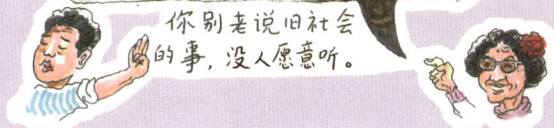

你别老说旧社会的事，没人愿意听。

9. 妈妈因为是旧社会过来的人，所以特别节俭。吃饭的时候如果饭菜剩一点儿，她就鼓励我全吃了。"我是你亲妈，快吃了。""你要是我亲妈，就别让我吃了，你看我肚子都什么样了？""啧啧啧，要是1942年……"

10. 她老喜欢拿旧社会说事，什么她三天没有吃过东西了，扶着墙都走不动啦；什么姥姥给的酱渣子感觉没往下咽就进肚子了；什么好容易食堂发了个饼子，吃了一半另一半想给姥姥吃，最后却丢了……总之，都是眼泪汪汪的故事。

11. 家里如果有什么饭菜馊了或者坏掉了，我都不能当着她面儿扔，她会给你捡回来。土豆长芽不能吃了，我都得深埋在垃圾桶最下面，否则她看见肯定翻出来把芽挖掉炒了吃了，然后再给我讲一顿河南大旱（参看电影《一九四二》）的大道理，我管它叫"42年后遗症"。

12. 小时候因为我总是穿得破破烂烂的，基本没有女孩愿意搭理我，慢慢长大的我也有了小小的自尊。所以冬天的时候，我宁可光着脑袋也不要戴那种难看的"坦克"帽。可是你知道哈尔滨的冬天有多冷吗？骑车不戴帽子是有把耳朵冻掉的危险的。我现在还记得我都是一只手握着车把，另一只手捂着耳朵，过一会儿再换手——倒是锻炼了我高超的车技。

13. 我就抗议，要求买新衣服，至少得有件羽绒服吧，那种后面有帽子的，也能挡着点风。在爸爸的劝说下，妈妈好容易屈服了。在冬天将要结束的时候，我拿到了盼望已久的羽绒服，因为春天要来了，大减价了，所以妈妈才买的。可是让我没有想到的是，这个羽绒服里面不是鸭绒，而是鸭毛，确切地说应该叫"鸭毛服"。一会儿从后背拔出一根羽毛笔，一会儿从胳膊下拔出一根羽毛笔，穿在身上远看像中了一身的箭。

14. 这还不算，穿了它的第一天我和同学打闹，同学居然一下把我的袖子拽下来了。我一生气，用了很小的力气就把另外一边的袖子也拽下来，新买的羽绒服变成背心了，倒是挺时髦的，那时候没人穿鸭毛背心。回家老妈还骂我，说我不知道爱护新衣服，新买的衣服一天就变背心了。我说你还好意思说呢，一件羽绒服最少也要两百块钱，你给我买的三十元一件，没准是鸡毛的呢！我都不知道我满身插满羽毛笔的衣服是什么毛做的。

15. 最后因为同桌受不了我满身的鸭毛都沾到她身上了，和老师告状要求换一个没有鸭毛的同桌。还有我上课老是从身上往外拔毛，然后吹起来，和同学比赛看谁吹得高而被老师找家长谈话，妈妈才答应来年一定给我买一件质量好一点儿的羽绒服。可是来年真的来到的时候，新衣服也好不到哪儿去，虽然不往外钻大个的鸭毛了，还是一样钻小毛，如果脱掉外套，我就和鸭子一样，满身毛茸茸的，一走路身后的毛毛漫天飞舞，和神仙似的。

16. 去年，妈妈逛街回来给我看她买的漂亮衣服。我夸了她几句之后，没想到她又从袋子里变戏法一样变出一件皮夹克，说是给我买的，我穿着肯定很帅。我看了看标签，价格不低呀。我就问是不是商场打一折才买给我的。老太太生气了，原价买的，早知道你这么说就不给你买了。我笑了，那怎么舍得买？"这不是日子好了嘛。"呵呵，那一瞬间，我就谅解了妈妈以前的抠门儿了。

17. 不过顶着"坦克"帽子的少年时代给我留下两个性格特征。第一是我学会了自嘲，我把自己弄得和陈佩斯的小品里面的人物一样，就差腰里缠根麻绳了。我就这样了，爱咋咋的吧，我练就了没脸没皮的本事，我这个人到现在都是没什么虚荣心的。

18. 第二呢，我没什么自信心，老是会怀疑自己的能力，人生中的很多机会都因为自卑而失去了，总是觉得自己不够好，配不上这个，配不上那个。很多事情我都不敢去争取，你说有一个这样的老妈，是不是可以影响人的一生？

我们写妈妈或者老师容易把他们写成"烈士"，都是那种劳苦功高、勤勤恳恳的形象，老师都是带病工作，妈妈都是苦水里泡大的，总是把碗里的最后一块肉留给你。现在谁家这么苦大仇深呀，我们早过上好日子了！

再说了，要真是有这样的妈妈也够让人受的，她会给孩子幼小的心灵留下心理阴影的。我要是有个这样的妈妈，我稍不努力读书，都会有负罪感的，学习不好就是对不住她的无私奉献了，学习不好，我就无地自容了。这样的话，所谓"爱"就变成"负担"了。

妈妈爱我这事儿是不说自明的，我不能老是写她怎么半夜陪着我输液，不能老是写她谆谆教诲、语重心长的时刻。妈妈是立体的，是有着多重面孔的，她不是只有家长和保姆这两个身份，她还是我的朋友，她还是我的"敌人"，她还是我的慰藉，她还是我的"噩梦"。

其实我们只要写一个正常的妈妈就好了。她整天就喜欢涂脂抹粉，嘴里张罗着减肥还经常领你去肯德基，回家不做饭就捧着手机玩。这样的妈妈不好吗？既亲切又真实。那些晚上不睡觉陪着你做作业的妈妈肯定有，但是那多半也是"面目可憎"的形象。不过那有什么呢？我们都知道她是爱你的。这么写，只是不想把我的妈妈写成别人的妈妈，只是不想把我生动、特别的妈妈写成脸谱化、千篇一律的妈妈。

你看，我的妈妈多好玩呀。虽然我对她也有很多意见，虽然我在文章里吐槽她，但那只是一点小小的抗议罢了，让她知道我的真实想法，也是我和妈妈沟通的一个渠道。她要是看见了，肯定会用河南话笑着骂我一句："你就糟践你妈吧，把你养大就是为了让你来糟践我的。"

不知道为什么，全世界的作家都把自己的父母写成劳模或者圣人。找一个说实话的作家可难了，其实绝大多数的父母都是普通人，他们肯定有付出，但是也不比别的父母付出更多。王朔的《我是你爸爸》里面的爸爸很真实。你看到的爸爸即使是一个厉害爸爸，他也有不自律的时候，也会常年面对一沓空白稿纸发呆无从下笔，像不像写不出作文的我们？所以呢，爸爸也是普通人，严于律己这事儿说起来容易做起来难。

我是你爸爸①

作者：王朔

马林生（爸爸）侧身倚在圈手藤椅上沉思着抽烟。台灯罩低垂着，在桌面上投射出一个明亮的带清晰周长的光圈，光圈里铺着一本干干净净一个字儿没有的稿纸，旁边放着笔、胶水、剪子和小字典。这台灯投射出的光圈是整个外屋唯一的光源。屋顶灯已经熄了，马锐（儿子）也早做完了作业，此刻正躺在里屋的大床上看书。从敞着的门只能看到他一侧身子和一只朝上斜伸着的光脚丫子。里屋泄出来的光把门的轮廓投影在外屋黑黢黢的地上。月光笼罩着玻璃窗发出冰块一般凛冽的光泽。

马林生就坐在这半明半暗之中慢吞吞吸烟，灰白的烟雾在脸旁云一样萦绕，使他月亮般地被遮住一部分俄而云开月出，他的姿态充分具有处于忧患的家长风度——令人肃然起敬的那种。

马林生正透过桌对面横放的一面大壁镜欣赏着自己。

他如此夜伴孤灯吞云吐雾已经差不多有十年了，他的职业使他本能地选择了写作作为消闲方式。开始，当他是个头脑简单的年轻人时，他还能把那些单纯念头诉诸文字。随着思想成熟眼界开阔，他简直无从下笔了。每当他心平气和地在这安静的一隅坐下，脑瓜像一口煤火上的锅沸腾开来，锅里滚开的是类似那些著

----

① 节选自王朔长篇小说《我是你爸爸》。

名扒鸡的百年老汤。这汤是如此黏稠，百味杂陈以至无法清清爽爽制作出一道小菜除非连锅端上方后快。无数精彩的片段像煮烂的肥肉不断地滚泛上来又沉淀下去，灵感的火花如同鞭炮在他脑海里噼噼叭叭爆炸又归于沉寂。他像一个没有助手的老迈的大师，眼睁睁地看着自己宝贵的才华随生随灭束手无策。他苦恼、焦虑甚至暗地里饮泣，哪怕最微不足道的一个念头记录下来也足以惊天地泣鬼神呵！他试图按捺自己才华的迸溅，逼着自己学些匠人的耐心和条理，可是拦不住呵！谁能控制一座火山的爆发使其造福人类譬如取暖烧饭什么的？后来，他也习惯了。有段时间，他甚至想去做一个编辑，把自己的才华无偿地提供给那些耐得住性子擅长成千上万写字的庸人，这就像日本的技术和中国的资源相结合，那会形成一支多么可怕的力量！当然，这一念头同他其他所有的念头一样，不了了之。不过，这倒使他认清一个事实：最好的文章只存在于某些默默无闻的人的头脑里。

他为自己拥有这么一个头脑而自豪。

再后来，他这个抽烟枯坐的姿态成了一个象征，一个嗜好，纯属个人的嗜好。只有他自己才知道造物曾给人类文明提供过一个什么样的发展机会——他为整个人类遗憾。

马林生险些热泪盈眶，他弄出一些微小的响动。这时，他从镜子里看到躺在里屋床上的儿子欠起身歪头往外看，由于里屋很明亮，他能清楚地看到儿子的一举一动。马锐看了一眼，又躺下了，只留下一个光洁粉红尚未因脚气的骚扰而糜烂蜕皮的脚丫。他在观察我！马林生像个受到生客打搅的名人不快地想。随之有些气馁，有些狐疑：是否有些失态，过于搔首弄姿？他注视着镜中的自己，脸像副面具似的严肃起来。尽管他知道从儿子的那个角度看到的只能是他的背影，但就是后背也应该给人以尊严。他正襟危坐了很长时间，像面对群众坐在主席台上的什么人或走在 T 台上的奇装模特在忍受落在脸上身上的视线的同时尽可能显得从容不迫、舒展大方。这姿势很别扭，妨碍了他那流畅的遐想。终于，他立起身，跟谁赌气似的大步走向里屋。

里屋明亮的灯光下，马锐躺在铺着凉席因而十分平整的大床上睡着了。头歪在一旁，一侧腮帮压着枕头使嘴略张着露出几颗白牙；一只胳膊从侧倾着的身子底下伸出来，手软软地垂着，咫尺处摊着一本看了一半的厚厚的书。那是本去年在成年人中流行过的社科类图书。显然他是在看书的时候睡着的。

他对父亲的到来毫无知觉。

写一个真实的妈妈。她可能没有那么完美，
但是她一定是有个性的。

我 妈 妈

南师附小　葛昕怡

　　我妈妈像老虎，发起火来像榴莲一样长满了刺；我妈妈像做题机，我不会的题她一眨眼就能算出来。

　　我妈妈像大厨师，能做出红烧鸡翅、清炒西蓝花、糖醋排骨……妈妈像隐形人，早上总能溜进我的被窝，把我吵醒。

　　我妈妈像侦探，我干了她不许干的事，她都能发现。妈妈像洗衣机，她能把衣服洗得干干净净。我妈妈像布置作业大王，我做完了一本还有一本。

　　我爱她！而且你知道吗，她也爱我！

点评

　　这样夸妈妈，妈妈一定会心花怒放的。我喜欢这句："妈妈像隐形人，早上总能溜进我的被窝，把我吵醒。"

我 妈 妈

三牌楼小学　黄坚乐

　　我妈妈是个大懒虫，她干每件事情都有点儿懒。每件事情都让我帮她，甚至一张纸都让我帮她拿。

　　她做的饭像神仙做的一样美味，洗的衣服像新的一样。

　　她还像综艺节目里的"跑男"一样天天从扬州跑到南京，还像一位地理学家一样懂得各种地理知识。

　　她像仙女一样美丽，女神一样善良。

　　她还像闹钟一样早早喊我起床，像计算机一样，每道数学题三秒就能答出来。

　　尽管她有点懒，但是我很爱她。

我 妈 妈

拉萨路小学 孙瑞阳

我妈妈像一个贪婪鬼，她一天最多能买五件衣服。她有时生气像巨人一样想毁灭地球，有时像地狱的魔鬼派来的，想让我写作业。我妈妈疯狂的时候像毁东西高手，能把我的玩具弄坏了。我急得像热锅上的蚂蚁，真想把妈妈好好地揍一顿。她工作时像树懒一样，回家后就像猴子，我觉得她是故意的。

我妈妈温柔的时候像猫，夜里她经常帮我拍蚊子。可爱的时候像维尼熊，早上会把我吻醒。

点评

不知道妈妈的老板看见"工作像树懒"这句话心里怎么想。孩子真是童言无忌啊。

我 妈 妈

北京东路小学　陈伊灵

我家有两个小孩，一个"大孩子"，一个"小孩子"。你一定会想大孩子是我，另一个是弟弟或妹妹。但你想错了，大孩子是我的妈妈，而小孩子才是我。

大孩子从不懂得谦让小孩子，谁买早饭，猜拳，石头剪刀布。谁洗碗，猜拳，石头剪刀布。谁掌控电视遥控器，又是猜拳。晚上谁扔垃圾，还是猜拳。

她还对小孩子的要求很高，小孩子刚能在泳池里"扑通"几下，就被她带着往深处走，弄得小孩子喝了很多水。当小孩子骑车骑得东晃西摇时，就被她带到广场去骑（那里没人）；傍晚去跑步，当小孩子伸着舌头跑不动时，大孩子还一个劲儿地推她，叫她继续跑。

大孩子对自己的工作很负责。有一次，小孩子趁大孩子不在时，偷偷跑到楼下玩了起来，但没过多久，大孩子回来了。当她看见小孩子正在玩，作业又没写完时，十分生气，把小孩子从外面"绑架"回来。这一次的惩罚就是，写两遍作业。经过这次教训，小孩子知道了先苦后甜，写作业的速度足够快，就会有时间玩的。

虽然大孩子会"变脸"，但我依然离不开她的掌控。

点评

这是一个很知道放手的妈妈，让孩子自己独立起来，虽然看着有点狠心，可是毕竟"我依然离不开她的掌控"。

我的妈妈

琅琊路小学　张童

我的妈妈，她不会雨天给我送伞，也不会守在我的病房里，因为我基本不生病。她只会一样东西——"虐待"我。

有一次，学校饭菜不好，没吃饱。回来想热个烧卖吃，我来到冰箱前，只见冰箱前贴着一张纸条，正面写着："请完成《天天练》第 10 ~ 18 页，回来检查。"我只好饿着肚子写完。然后我兴冲冲地拉开冰箱门，只见冷冻层上贴着"请完成《实验班》第 20 ~ 23 页"。我气得干瞪眼，又飞速做完了。拉开冷冻层，见到烧卖袋上写着"恭喜中奖，奖励 100 道口算题"，我又饿着肚子，写完了计算题。终于结束了，我兴致勃勃地拉开微波炉，天哪！微波炉上写着"如果看到此卡，说明小狗已经饿了，请喂它鸡蛋、火腿、排骨"。我忍！把单子上的食物喂完小狗之后，我瞪了小狗一眼："你吃得都比我好！"我终于完成所有任务了。将热乎乎的烧卖端出来，就着牛奶吃，这是最幸福的事。吃着吃着，忽然感觉嘴里有个硬邦邦的东西。吐出来一看，呀！一张字条！上面写着："你个小馋鬼，不在学校好好吃饭，罚做数学题 10 道！"我瞬间泄气了。我为有这么一个"虐人老妈"感到惋惜。

不过，烧卖还挺好吃的。

这是真事吗？看着像剧本，很有动画片的即视感。我喜欢这样的文字，带着点戏谑的想象。

我 妈 妈

怡馨花园小学　孙洋

　　小时候，我就爱拼乐高，但我妈就是反对，于是战争就开始了。

　　这天回家，我就把乐高拼了拆，拆了拼。老妈披头散发地闯进来，一阵狂叫："臭小子，给我回房间写作业读书！"嘿嘿，我在语文书里挖了个洞，藏了一本漫画书，美滋滋地看了起来。

　　老妈走了进来，说："算你老实。"我正好看到最搞笑的地方，"扑哧"一声笑了出来，火山再次爆发了，我的漫画书就被"大卸八块"了。

　　过年了，同学给了我一些乐高零件，我便把枕头里的棉花，换成乐高，还藏在了床下。妈妈单位同事要和她出差，我想：这次，我就可以散开了玩了。

　　我刚打开电视，撕开一包薯片，门外却传来一阵敲门声，我手忙脚乱地打开门，原来是我的好朋友来给我送好吃的呀！我便和他们在家上蹿下跳。不巧，下雨了，妈妈没出差回家来了，一进门看见我正在大闹天宫，残忍的老妈把我的两千元压岁钱给拿走了。

　　我努力学习了半年，终于考到98分，老妈便把一个账本给我，上面记录的全是我被她罚的钱，一百、两百……还有四个乐高玩具，都是很贵很贵的。周围的事物瞬间变得模糊了，我心里万分激动……

　　原来你是这样的妈妈！

我 妈 妈

南昌路小学　郑朝轩

　　我的妈妈很奇葩，她是绝对的奇葩。

　　她特别爱发火，还像孙悟空一样，无处不在。那天开家长会，家长会之前我们还在上课，教室的门是开的，我往外面瞟了一眼，妈呀！老妈正贴着墙，侧着身子，又在盯梢我，那样子真像一名机警的侦察员。我立即坐好，听老师讲课。下课后，我心想上天保护我，希望家长会结束后，她不要骂我。

　　结果，下课后，我下楼时看见老妈，她两眼瞪着我说："你怎么上课向外面瞟了一下？""没有。"我说。"还说谎，看我回去怎么收拾你！"我赶快冲下楼，远离妈妈。

　　一天晚上，她说她有点累了，要去床上休息一下，过一会儿再给我做饭。结果，到了九点多钟，我饿得不行了，大喊了一声，她没有回答。我走到卧室，只听里面传来甜蜜的鼾声，妈妈睡得都忘记在天上还是在家里了。我用力地摇了她几下，又在她耳边大喊一声，她才醒来，可是她说实在太困，让我先忍会儿，没办法，我只好饿着肚子写作业。

　　但是她也有对我很好的时候。那天我们去夫子庙玩，突然下起了雨，我们在一家店里躲雨，妈妈把外衣给我，自己只穿了一件衬衫，说实话，那天还挺冷的。

点评

　　这么有喜感的妈妈很真实。说实话，这个妈妈才是一个正常的妈妈，一个为生活奔忙、爱孩子的妈妈。

我的妈妈

中央路小学　汪芮伊

"好热啊！妈妈，给我买根冰激凌吧。""不行！"

"求你了！妈咪！"

"不行，就是不行！"

我心想："别人不都吃嘛！妈妈就不让我吃！"于是我皱着眉头，瞪着眼睛，边走边踢小石子，踢完小石子，我数汽车："1、2、3、4……"我闭上眼睛，向前走，"咚"，好疼啊！我揉揉鼻子，看着天空中正飞着一群小鸟。妈妈问我："你怎么啦？我说过，不能吃不能吃。"我心想："你明明知道，还问！""啪！"一坨鸟屎从天而降，哼，连小鸟都看不起我。我一怒之下竟在鸟屎上面狠狠踩了一脚。

"别生气了，你是要吃冰激凌，还是玩电脑？"

"玩电脑！"这绝对是个好机会！玩电脑可是我的游戏梦啊！

妈妈，祝你母亲节快乐！

很多孩子一写到老师或是妈妈，就容易把对象写成劳模。虽然你的老师或是妈妈可能真的是劳模，但是因为这样写的人多了，看着也假了。作文的最高境界是把"假"的写成"真"的，而最低境界就是把"真"的写成"假"的。

可不可以写写老妈不那么"伟大"的一面呢？就算是一个总裁妈妈，在家里也有不为人知的一面吧。这样的妈妈是不是更加真实呢？这么写的好处是可以让孩子勇于说真话，学着说真话。"真话"是有力量的，会说"真话"才能做"真人"。

如果是写老师的话，那么也缩短了老师与学生的距离感，让老师从神坛上走下来变成了一个亲切的"人"。孩子对权威也就能够平等对待了。

第四章

怪小孩

有个性才有魅力

1. 小时候我是个奇怪的家伙。妈妈给我起了一个外号叫"小出溜"，因为我老是贴着墙根走路，把右边的袖子都磨破了。而且我一边走路一边嘴里发出奇怪的声音，如果仔细听的话，就是各种爆炸的声音，有机枪还有手榴弹。

2. 有时候我还会在路上突然哈哈大笑，惹得路上的行人回头看我说道："这孩子有病。"

3. 我脑袋上经常有伤，大人还以为我和人家打架受伤。所以大人们都用看怪物的眼神看我，当我从他们面前走过，身后就会传来一阵窃笑。

4. 就连爸爸妈妈也觉得我有问题。比如，我经常会不背书包就出门上学，或者左脚穿着自己的球鞋而右脚穿着爸爸的皮鞋去上学，到了学校还是同学提醒我才发现的。

5. 要么就是妈妈让我去商店买东西，出门半天又转回来，因为忘记拿钱。过了一会儿又回来了，这次是干脆忘记要买的东西。总之，每天我都看起来迷迷糊糊的样子，好像在梦游。

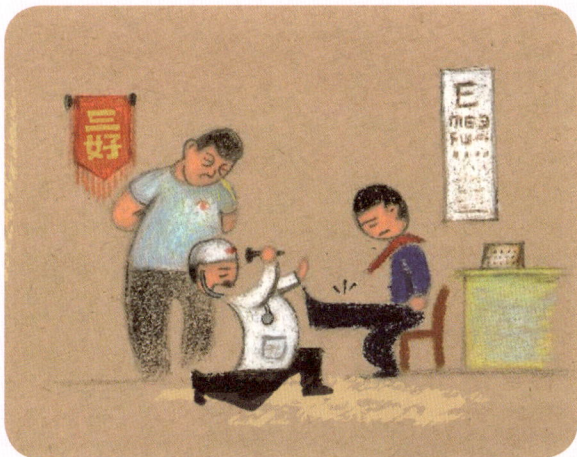

6. 有两次爸爸竟然领我去医院找大夫看看我是不是脑袋不正常，仅从膝跳反射之类的检查肯定看不出我是否正常，因为没人了解我的心里在想些什么。

7. 为什么会这样呢？只要稍稍了解一下我脑子里在想什么，这一切就很容易理解了。可以肯定我没有病，我只是有"重度幻想症"，如果这也算病的话，我恐怕病得不轻。我会喊打喊杀，是因为在我的头脑里有一场永远也打不完的战争，我正在冲锋陷阵英勇杀敌呢。而刚刚俘获了敌方的大帅，我当然得意扬扬："哈哈，没想到你也有今天！"

8. 为了能够安静地独享我的白日梦，我走路尽量离人群远点，挨着墙根走虽然安全保险，但是衣袖却遭了殃，总被蹭破、蹭脏。而脑袋上的伤则是这样的，我们家街口有一家菜市场，那个时候的菜市场都是露天的，卖菜的柜台是用几根锈迹斑斑的粗铁管搭的。那个高度和我的脑袋一样高。而我做白日梦走路都是低着头的，每次我低头走过街角都会在那里的铁管上猛撞一下。第二天这一幕还会重演。

9. 很多看起来莫名其妙的事情你只要有耐心就会发现只是误会。有一次老师给家长告状说，我正在上课突然站起来用两支笔前后错开做成一把简易步枪朝他开枪，问家长我是不是心理有问题，这让我非常憎恨老师。

10. 其实那真的是一个误会，我们的黑板是老式的，就是木板刷黑漆，因为年久失修，上面裂了一道缝隙，那缝隙弯弯曲曲看起来很像一座小山，而在我眼中山后面埋伏了好多戴着钢盔的敌人，于是为了保护老师，我才举枪向她身后的敌人射击。我不但不憎恨老师，相反，我还很爱她，愿意在危急时刻保护她。

11. 还有一次，正在上课呢，我突然号啕大哭起来，老师连忙问我怎么了，可是我只是哭，一句话都说不出来，老师还以为发生了不好的事情，连安慰我的话都找不出，因为她不知道我为什么哭。

12. 其实呢，这次只是因为我上课不听讲，不知道为什么想到了几天前看过的《卖火柴的小女孩》。我从来没有看过这么悲惨的故事，想着小女孩悲惨的遭遇，就开始哭起来。开始还是小声哭，可是想到卖火柴的小女孩死去的时候就忍不住大哭起来，可是这些事情怎么和老师说呢？

13. 因为常年沉浸在幻想中，也锻炼出我超越常人的想象力。我的座右铭就是："一个人最可宝贵的品质就是幻想。"在我看来，还有什么能力比"想象力"更重要呢！想象力也是生产力，无数的幻想电影和文学不是靠着想象力征服亿万观众吗？孙悟空不是几代人的超级英雄吗？就算你是个科学家，还讲究"大胆假设，小心求证"呢。

14. 正是因为常年自言自语编故事，我就学会了讲故事，而讲故事的本领让我成为一个还不错的作文老师。看来无论什么事情都有它好的一面，关键我们要乐观。就算我不靠想象力来吃饭，至少我觉得正是这样的能力让我在繁忙的工作中找到点乐趣，我可以利用想象力让自己"飞"起来，离这平凡的生活稍微远点。

15. 如果你也是一个被人称为"非正常人类"的孩子，那么我恭喜你，你一定有某种别人所不具备的优良素质。与众不同不是件坏事，你那些奇怪的举动是你区别于其他人的标记。"怪"只是证明你有个性，而有个性不好吗？总比千篇一律的"无脸人"好吧。

有个性才有魅力

我们总会说某个人怪怪的，其实只是我们自己大惊小怪罢了。或者大伙都不希望其他人有个性，以衬托自己的平庸。最好每个人都是一个模子刻出来的，可是那样是不是很无趣？我在上海的大街上看见一个人戴着巨大的牛头面具走过，我感觉很惊讶，可是都没人多看他一眼。也许对于一个国际化大都市来说，这是司空见惯的，大家都见怪不怪吧。

如果爸爸妈妈觉得自己的孩子总是奇奇怪怪的，那么你就要留心观察一下他到底怪在哪里，可不可以找到他与众不同的地方加以呵护呢？我知道很多成功的人小时候都是有点奇奇怪怪的。比如小时候执意要孵蛋的爱迪生。

我认识一个孩子，那真是一个"怪人"。无论什么东西他都要用鼻子闻闻。比如画画的时候他会拿起颜料闻闻，他闭着眼睛，很认真的样子。我问他绿色有什么味道，他说像云彩一样。我好羡慕他，掌握了一种特别的观察世界的方式。

我对女儿马兰花说，你交朋友的一个标准就看他是不是别人眼中的非正常人类，如果是的话这人就可交，因为至少他还能给我们带来全新的人生体验呢。

苏联作家布尔加科夫的《大师和玛格丽特》是一本荒诞而又悲伤的小说。真是能够让人笑出眼泪。在这一段里，因为魔鬼施了魔法让主任消失不见了，而他的衣服还在工作和讲话。

空荡荡的西装

作者：〔苏联〕米哈伊尔·布尔加科夫

　　一进办公室，拉斯托奇金手中的提包便立时掉在地上，接着他感到脑子里所有的思想都乱成了一团。不过，应该说，这是不无道理的。办公室中间的大写字台上放着豪华精致的大墨水壶，而坐在写字台后面的却是一件空西装上衣，它的衣袖伸到桌上，握着一杆没有蘸墨水的钢笔正在文件上画。上衣衣领处还打着领带，左侧上兜里插着一支自来水笔。但是衣领上部却既没有脖子，也不见脑袋。当然，更看不到有手从衬衣的白袖口里伸出来，空衣服仿佛正在一心一意地工作着，对外面的一片混乱毫无察觉。那衣服似乎听到了有人走进办公室。只见它直起身来靠到座椅背上，从衣领上部发出了拉斯托奇金熟悉的普罗霍尔·彼得罗维奇主任的声音："怎么回事？门上不是挂着牌子，说我不接见吗？"美丽的秘书搓着双手对拉斯托奇金尖声叫道："您看看！看见没有？！没有他！他不在这儿！您想法儿让他回来吧！让他回来吧！"这时又有人往屋里探了探头，哎呀一声逃走了。会计主任觉得自己的两条腿直哆嗦，急忙坐到一把椅子边上，但他并没有忘记把掉在地上的手提包拾起来。安娜·理查多夫娜在拉斯托奇金身旁跳着脚乱转，扯他的上衣，大声喊叫："主任每次指着妖魔鬼怪骂人，我总是劝阻他，不让他那

———————
①节选自长篇小说《大师和玛格丽特》。

么骂！看，骂出事来了吧！"大美人儿说着，便跑到写字台跟前，用美妙温柔的、因刚才的号哭变得鼻音很重的声调叫道："普罗沙，你在哪儿呀？""谁是你的普罗沙？"空衣服傲慢地问了一声，又往软椅背上靠了靠。"不认得人了，连我都不认得了。您明白吗？"女秘书又大哭起来。"请别在这儿大哭大闹，这是办公室。"条纹毛料西装像是有些生气了，它的衣袖随即拉过旁边另一个卷宗，显然准备继续批阅文件。"不行，我见不得这个，受不了。"安娜·理查多夫娜喊叫着跑回秘书室，会计主任也急忙飞跑出来。"您想想看。"激动得浑身打战的安娜·理查多夫娜又抓住会计主任的胳膊说起来，"我正在这儿坐着，一看，进来一只猫，黑色的，个头很大，简直像只河马。我当然就冲它嘘了一声。猫跑了，可接着进来一个矮胖子，长得也很像猫，他说：'嘿，您这位女公民怎么能像赶猫似的对来访者喊去呢？'他说着就闯进了普罗霍尔·彼得罗维奇的办公室。我当然立刻跟了上去，在他身后喊：'您这是干吗？发疯啦？'可那个不要脸的家伙径直向主任的写字台走过去，坐在他对面的一把软椅上。所以他，我们主任，就发火了。我们主任呀，心肠再好没有，可就是脾气急躁，动不动就发火。这一点我承认。他很神经质。干起工作来像头老牛，可就是脾气急躁。这不他发火了说：'您怎么没有请示就闯了进来？'但那个无耻的家伙呢，您想想看，却大模大样地往软椅上一坐，嬉皮笑脸地说：'可我有点小事得跟您谈谈呀。'普罗霍尔·彼得罗维奇更冒火了：'我现在很忙！'那家伙呢，您想得到吗，竟说：'您根本没什么可忙的。'您听见没有？这么一来，当然，普罗霍尔·彼得罗维奇再也忍不住了，他愤怒地喊叫：'这像什么话？快把这家伙给我弄走。真见鬼！'而那家伙，您知道吗，反而笑起来，他说：

'想去见鬼？'噢，这个好办！于是，一下子，我还没喊出声来，那个猫脸家伙便不见了，同时，主任也不见了……只剩了件……空衣服……坐在这里。呜！……"安娜·理查多夫娜又咧着她那已经完全失去线条的大嘴哭起来。她哭得喘不上气来了，但歇过一口气之后，她的话却更不着边际了，她说："可是他，那身空衣服，还在写，还在批文件，一直在写，简直叫人发疯，还打电话，所有的人都吓跑了，比兔子跑得还快。"拉斯托奇金站在女秘书旁边，一个劲儿地哆嗦。

干脆咱们就写一篇"怪怪"的作文吧，我们来看看到底能够怪到什么程度，会不会让爸爸妈妈看了目瞪口呆？会不会让平时严肃的老师看了（假设她这会儿正在吃面条）吓得面条从鼻子里喷出来？会不会让同学们看了笑得捂着肚子满地打滚儿？

来，你出怪招吧！

等 出 生

南湖一小　陈致远（牛小陈）

很久以前，我在妈妈肚子里，那时候我不知道时间，我也不会说话。

我在妈妈肚子里 10 天以后，我才想起来数数，数了一个月。我想，到我 2 岁的时候，我才完全会说话吧。又过了半年，我感觉还没出生，因为我什么都看不见。我刚到妈妈肚子里的时候只有一粒黄豆那么大，没想到快要出生的时候，我已经有几十厘米高，几千克重。距我出生还有两个星期时，我开始盼望见到妈妈了，好想赶快看看这个世界呀。这时我感觉我可能在医院，因为有药水的味道。后来，我感觉我快要出生了，因为房子小了。我在想，要不要通知大家呢？于是，有一天晚上，我跳来跳去，终于我出生了。

哇！外面的世界好冷呀！好亮呀！

点 评

这么奇怪的作文也就你能写出来。小陈同学有个优点，就是他的语言风格非常幼稚，好像永远处在牙牙学语的阶段。可是这样的语言也有自己的特点呀，那就是无法比拟的单纯。

121

等

师大附小　葛师宇

秋。

晨雾；

静寂。

四周静得可怕。

大家一个个坐姿端正，面色凝重，像木偶一样一动不动，窗外的走廊上空荡荡的，安静得让人害怕。树叶随着风诡异地扭动着，发出恐怖的"沙沙"声，寒风阵阵袭来，黄色的树叶随着风掉了下来。偶尔有几只老乌鸦发出"嘎嘎"声，大家似乎在等待着什么。

"嘭！"突然一声巨响。

大家的眼睛忽然亮了起来，头抬得更高了，身体挺得更直了。

来了！来了！

"嗒嗒嗒嗒。"一阵高跟鞋的声音传来。

窗外出现了一个身穿灰大衣、拿着水杯的人。

她，走进了教室。

程老师终于来了，她带着试卷来了。

窗外的树叶依然随着风诡异地扭动着，发出恐怖的"沙沙"声，寒风阵阵袭来，黄色的树叶随着风掉了下来，偶尔有几只老乌鸦发出"嘎嘎"声……

点评

武侠风格的作文。其实这件事也就很一般，不过就是老师发试卷罢了。但是写作手法奇特，就有了一种武侠感。天底下没有新鲜事，所有的事情都有人写过，但是我们可以尝试下还可以"怎么写"。

偷 作 文

长江路小学　陈弘睿

今天马老师上课时让我们写"偷 XX"。

我东看看西瞧瞧，准备好"偷"作文了。

我最想"偷"马老师脑子里的作文，我看了看马老师那油亮亮的大光头，想从里面偷到灵感。

我顿时想起我带了"吸作文器"，我便把它拿了出来，开动它，哇！声音太响了，好开心啊！

马老师一听，耳朵掉了下来，腿飞了出去，整个人几乎都成骨架了。我连忙打开马老师的脑子一看，真是乱七八糟，有些是蛇，有些是笑话，有些是鞋子，有些是瓶子，有些是水果，就是没有作文，他不是作文老师吗？为什么没有作文？我找来了几个保镖，让他们一个一个地跳进马老师的脑子里。

我头晕眼花，再也不想"偷"作文了！突然，我看见马老师的脑子里出现了狰狞的面孔，好像发现了我的行动一样。那一刻，我害怕极了，我还是自己写吧，再玩儿一定会把马老师的命也玩儿没了。

"偷"作文真是太好玩了，下次还要玩儿！

回家的路上

新城小学　万洲蓉

夜晚。

宁静。

月圆明亮，还带着一丝薄雾。我从雾中穿来，只听得"丁零零"的声音传了出来，渐近渐响。

黑暗之中，只有明月是我走回家的希望。

街道上，没有一个人，风吹得树上的树叶"沙沙"地响，不时还会突然蹿出来一辆车，吓我一跳。

走在这无人的街道上，弄得人胆战心惊。

"哦——啊——"远处好似有一个幽灵飘来。

街上的店铺全打烊了，还不时会有几只小老鼠在墙角"吱——吱——"的声音从远处传来。

我害怕极了，探头一望，有点像妈妈的背影。

她从雾中穿来，更清楚了。

"滴答——"一颗水珠掉落在我的鼻子上，好像下雨了。

我缩着身子躲在墙角，闭着眼睛。

只听那个女人温柔地问道："这么晚了还不回家？"

我慢慢地抬起头，叫道："妈妈！"

啊！不是妈妈，原来是个陌生的女人，她微笑着说："回家吧！"

"喂！看不看电视了，不看我关了。"

"哦！"我突然惊醒了，"啊，电影放完了，结尾还没看呢……"

原来是一个梦。

受骗之后

育英二外　陈昱霖

　　一天，狐狸又出来找吃的，发现了脑袋被石子打穿的脑洞大开的乌鸦，正叼着一块肥美的大肉。他想：笨乌鸦本来就笨，现在脑袋被石子打穿了，不就更笨了吗？狐狸摇了摇尾巴，装出一副良心发现的样子，满脸微笑地说："乌鸦大姐，你真美，可以和选美模特比美了。"乌鸦一动不动，狐狸急了。乌鸦今天变聪明了，不上我的当了。狐狸想，我可以试试上次的方法来骗肉。于是就说："乌鸦大姐，您的歌声可真美妙，可以去参加《中国好声音》了。哦，不不不，是《世界好声音》。"乌鸦把肉放在一旁，就大声唱了起来。她一唱，大树的皮就掉了，玻璃就碎了，房子就爆了，就连狐狸也受不了了，连说："停！"森林变得脏乱，天空变得暗淡。狐狸本以为可以忍住，可是却没忍住，还是吐了出来。狐狸纳闷地问："乌鸦啊乌鸦，你每天从哪里找来的肉呀？"乌鸦一扭头说："我从河边皮革厂捡来的狐狸肉。"说着就把那块肉丢给了狐狸，"谢谢你听我唱歌，明天也要来呀"。

　　狐狸的脑子里一片混乱，就好像脑子不可以正常思考一样，以后的几天里他每天都在脑海里回忆那块肉，说："啊，那不是我孩子的肉吗？乌鸦每天都在吃我的孩子吗？不值呀，太不值了，为了那块肉，我每天都要忍受乌鸦地狱号叫般的魔鬼歌声，太不值了。"说完，他就撞在树上死了。

点 评

　　这是学校布置的《乌鸦和狐狸》的续篇。很多人都写乌鸦认识到自己虚荣的错误，再次和狐狸狭路相逢的时候表现出的智慧。其实续写主要是考验想象力的，并不是要说教。我觉得这个作文真是有惊天动地的想象力。

请你理解我

力学小学　谭松言

我觉得自己做的一切都跟正常人一样啊！可是他们不理解我的内心世界，有人说我傻！

我在人行道的砖上总是跳来跳去的，一个俯冲，一个小跳，一个俯冲，一个终极跳。左跳一下，右跳一下。旁边的人看到了，都离我远远儿的。但我一点也不在意，我脸上的表情有时愤怒，有时欢喜，有时手里还会拿着吸管挥来挥去。我仿佛沉浸在自己的世界里。

有一次，人家把排球传给我，我并没有接到，而是拿起另一个排球砸上去，"嘭"的一声两个球都飞了，我们队的人看到了，马上从四面八方冲过来，给我一顿"暴打"。

滑冰的时候，我会突然趴在冰上，和冰面下的小鱼交流，我用拳头敲打着冰，屁股还一扭一扭的，好像在跳扭屁股舞。

妈妈终于忍不住了，火冒三丈地说："你为什么总出洋相？""我……我有出洋相吗？"

为什么我会在砖头上跳来跳去，因为我把一块一块的砖想成不同的东西，有的是岩浆，有的是河水，还有一些怪兽，所以我要用心管理。我把飞来的排球当成敌机，所以用排球砸上去。我把冰下的鱼当成水鬼，用拳头打它。妈妈，难道你不知道吗，这是多么好玩的游戏？

我的大作

一 天

银城小学　陈定一

"7：00了，快起床！"妈妈大叫道。

我迷迷糊糊地睁开一只眼，看见床头的米奇钟指针停在了7上，我猛地坐起来，晃了晃头，又想到马上就要上小学了，赶紧抓起一个小汽车玩具冲进了洗手间。我走在路上，迎春花的枝叶从学校的铁栏杆中钻出来，向经过的人点头。8：00了，我们用几天前学的汉语拼音读完了一首诗。9：30，窗外的柳树冒了芽，我正在思考一道数学题，举手呢，大家一定都会夸奖我；不说呢，倒也没什么坏处。

中午，我什么也吃不下，好像被早上成堆的问题塞住了嘴。下午刚刚上完体育课，一本白花花的教科书落了下来，如果用铅笔呢，可能会被老师批评，用钢笔呢，弄不好又会糊掉……虽然老师一再强调三年级是小学的转折点，可我一点儿都不觉得有什么东西可转的。

16：30，我坐在家中，一头钻进书堆中。看累了，我就走到阳台上，望着阳台上那一盆盆五颜六色的花，让我心里感到很舒服，好像沉浸在无边的绿野中。突然妈妈叫道："赶快收拾东西，今天是毕业典礼！还有今天18：00的毕业聚餐不想去啦？"

130

天渐渐黑了，我坐在餐桌上，和同学们有说有笑，完全忘了窗外被雪压弯的小树苗。

22：30，我坐在床上，拍了下电子钟，结束了这一天，离开了小学。躺在床上我想，明天开始我就是一名初中生了，也没什么好的或者不好的。

点评

> 一天，也是一年，也是整个小学生涯，就和这一天一样，早上睁眼上课，晚上写完作业闭眼睡觉。

同桌，请还我文具

拉萨路小学 徐睿晗

"喂，快把铅笔还我！"我同桌什么都要拿走，他家里都是我的文具，我家里都要没钱了。同桌呀同桌，你能不能把文具全部都还给我啊，你家一定连睡觉的地方都没有了，只能再买一个房子，把以前的房门关上，因为里面都是我的文具。住到新房子去，想要文具就跑到旧房子里拿一些走。连莎士比亚、肖邦这些人都去你家要文具，而且都没你有钱。你钱多到全世界的人都到你家门前乞讨。你家门前人山人海，你一开门人就像洪水一样冲进你家，挤得你都要成照片了。求求你呀，求求你还给我吧，我都要成穷光蛋了，求求你把拿走的东西全都还给我吧！

点评

你可真能夸张。是从另外一个侧面炫富吗？哈哈。

送给马老师的礼物

紫竹院小学　周玘

9月10日是教师节，我在想我可以给马老师送点什么。

今天吃了一个甜点，好好吃。我想把另一个送给马老师，但是一想到马老师的肚子太大了，再吃就更胖了，我就想送他一包减肥药，他吃后上课时就会一直往卫生间跑，他会不会骂我？我想一想，又想出一种花式蛋糕：拳击炸弹减肥蛋糕。我就边走路边想：马老师打开蛋糕盒子，就被一个大拳击手套打脸，把脸打得红扑扑的，可爱极了。刚刚要吃，这个蛋糕就爆炸了，马老师又被炸飞，还满身沾着奶油。终于吃完了，又不停地去上厕所，出来进去、出来进去。拳击20分，爆炸100分，上卫生间100分，喝了发烧药上卫生间又加了100分，再喝上止泻药，上卫生间又加了1000000分，这下我想马老师肯定瘦下来了。

但是上课时候我又忘带那个神奇的礼物了，我真懊恼啊！

点评

那样还好了呢，我就不用上课了，我宁愿往厕所跑也不要上课，上课太累了。这样想想是不是很过瘾？这是我们共同的期待。

金眼睛

谢谢你，惠惠老师

瑞金路小学　高衣凡

教导主任惠老师就像一位心理咨询师。她能够看穿我们的心思，破解我们的心情。

惠老师个子不高，瘦瘦的，挺苗条。她有一头棕色的卷发，笑起来又甜又美。她小小的眼睛旁布满了数不清的鱼尾纹。她喜欢用冰凉的手抚摸我们，或是捏捏我们的脸蛋，就像是我们的好朋友，我们都叫她"惠惠"。

二年级的时候，我刚刚开始上肖老师的英语课，不懂规矩，总是捣乱，闹情绪。一会儿拍拍桌子，一会儿在地上打个滚儿，一会儿趴在椅子下面生气，一会儿再爬起来跳一跳……因此我总被妈妈骂。从此以后，只要一提到上英语课，我就又哭又闹，赖在地上不肯起来，最终还是被妈妈硬推进了教室。有一次下课了，我在走廊生闷气，被惠惠看见了，她就抱着我，坐在椅子上陪我聊天。

惠惠问："为什么不喜欢上肖老师的课？"我嘟着嘴说："一点儿都不好玩！

他叽叽歪歪的，一个劲讲'火星话'，什么都听不懂！"说着，惠惠变戏法一样给了我一颗棒棒糖说："那你听不懂就和肖老师说啊，没关系，他从不发火。"我把糖抢过来把头往旁边一扭，说："我就不上，哼！上了还被妈妈骂！"惠惠把我放下，把妈妈拉到门外小声地说着什么，一会儿妈妈回来了，她拉着我的手说："其实你已经很棒啦，是妈妈要求太多了，你今天好好上课，下课我们去吃好吃的。"听到好吃的，我才不情不愿地跟着惠老师走进教室，惠老师拉着我来到肖老师跟前，和肖老师开玩笑说："肖老师，我们来投诉你了，你以后上课一定要慢慢讲，让我们娃儿能听懂，如果听不懂那就一遍一遍地说。"说着又变出一颗棒棒糖递给肖老师："今天放学我要问我们娃儿啊，娃儿要是说听不懂，棒棒糖还给我啊。"肖老师笑了，说保证让我这个娃儿听得懂，我这才放心答应来上课。

惠惠这样帮助我，我也要按照惠惠的建议来做，一有不会的就问肖老师，突然发现肖老师的英语课好有趣，渐渐爱上了这门功课。

惠老师，谢谢您，如果不是您那天放弃自己的休息时间，抱着我陪我聊天，帮我解决困难，我就不会这么快发现有趣的英语课了。

写给爸妈的话

我们已经在"未来"中，人工智能，这是绕不过去的话题，必须引起家庭及全社会的重视。今天的孩子将是人类历史上最特别的一代人，因为他们面临的问题是之前的人类都没有遇到过的。人工智能可以取代大部分工作，尤其是那种不需要创造力的工作。人工智能可以理解为建立在大数据基础上的超级运算能力。连聪明的柯洁都不是阿尔法狗的对手，更别提那个不需要人类经验的"阿尔法零"了。

我们怎么迎接"人工智能时代"呢？目前还没有标准答案。也许我们可以培养幸福感，就是什么也不做也很开心。我们不再需要成就感，不需要存在的意义，只要按照机器给我们的食谱快乐地享受。但这不就是机器希望看到的吗？希望看到人类投降、堕落。

也许我们应该积极点，保留个性，成为那个与众不同的自己。因为越是有个性的人，机器越是抓不住他，因为他不按套路出牌。

正所谓"个性抵百丑，套路毁所有"。语文学习也是培育孩子求异思维的能力，孩子从三年级到高三作文上面临的一个主要问题就是"选材"。作文无非两件事,"写什么"和"怎么写"。"写什么"很重要。孩子因为生活空间狭小,生活面窄,写来写去就是什么学业压力呀,春游秋游呀,关心他的父母呀,没有新意,也得不了高分,让人看着厌倦。如果想让阅卷人眼前一亮,那就要重视选材了。最好写特别的内容,这就需要你平时训练自己的求异思维:我要和别人有所不同。

为了全体人类的尊严,让我们做一个特别的人吧!

第五章

降级啦

无处不在的"环境描写"

1. 我小时候是个学习很差劲的家伙，有多差劲呢？就像相声里说的"成绩很稳定，始终保持倒数第一"。因为成绩实在太差劲，最后不得不降级了。通知我降级那天，老师让我早点回家准备去年的课本，明天好去另一个教室上课。回到家里，我一头栽到床上，就想赶紧睡觉，好把这一切都忘掉。

2. 可是那天妈妈回来得也早，看见我在睡觉就把我喊起来让我去外面洗自己的衣服。我拿着洗衣盆走到院子里，到现在我还记得那天下午突然刮起了大风，对面的房顶被风吹得"噼啪"作响，天气阴沉沉的，对我来说像是世界末日一样。我机械地搓洗着衣服，脑子里什么都没想，就想着为什么九月会这么冷，感觉像是冬天提早来到了。

3. 晚上的时候，我因为实在挨不过去，只好告诉了爸妈降级的事情，他们沉默了一会儿，决定明天去和老师谈谈，看看是否有挽回的余地。于是这一晚我又带着希望，暗暗地许愿：只要不让我降级，那么我一定会好好学习。

4. 第二天下午，爸爸妈妈来到了学校，我一个人在校门外等着。前一天在刮风，而此刻却晴空万里，阳光和煦。阳光穿过树叶的缝隙洒在人行道上。街上的汽车"嘟嘟"地驶过。所有人都在阳光下正常地行走，只有我，在忐忑地等待着命运的宣判。我低着头在人行道上徘徊，怕遇到认识的人，好像全世界都知道了我降级的消息。

5. 这时同班的两个同学走了出来，看见我他们还和我打招呼，问我为什么不上课。我只好随便敷衍，然后我拿出一张得了很低分数的试卷指着上面的一道数学题请教他们两位，两位同学耐心地给我讲解了这道题。可是说实话，我的心思并没有在这道题上，虽然我不住地点头，可是我实在不知道他们说了什么。

6. 同学们走了，我不时抬头看看学校的大门，既害怕爸爸妈妈出来，又盼着他们早点出来。终于，他们走出来了，我紧紧盯着老爸的脸看，好像那上面就有答案一样。真的有答案，老爸也低着头，走到我面前叹了口气说："走吧，明天你就去二年级上课吧。"

7. 我都不知道怎么回到家的。晚上在日记本上写下："我永远忘不了某年某月的某一天。"然后早早就上床睡觉了，真希望这一切都只是一场梦，等我醒来的时候才发现我根本没有降级这回事。

8. 可是早上来到的时候，我明白今天必须去面对这个可怕的事实。每天都要去的学校今天特别陌生，我慢吞吞地走着。但是无论如何，那座大楼——学校，都离我越来越近了。那不是学校，那是监狱，是地狱，是审判庭，是断头台。那座大楼竟然摇摇晃晃地站了起来，犹如泰山一样向我倾斜。

虽然还没有进校门，可是我已经听见身边的人在议论纷纷，好像所有的人都在看我，都在说："看，那个家伙，降级了，和小孩子儿玩去了。"

想到这些议论，我羞愧难当，恨不得找个地缝钻进去。我仰头看着楼顶，天那么蓝，白云从头顶飘过。

　　我觉得现在学习成绩不好的孩子不要太绝望。你成绩再不好，还能比我差劲吗？可是你也看见了，我最后也能够自食其力。我的经验是：你要能够保持信心，有一个爱好作为自己的强项。我的强项就是爱画画和胡思乱想。虽然当时看来危害极大，但是这种常年的胡思乱想的训练也锻炼了我的想象力，那么你看，很多时候不利因素也会变成有利因素。

　　还有，再痛苦的事情都会过去的。那个时候我都绝望了，可是过了一段时间我就慢慢地适应了新的生活，甚至喜欢上了新班级。顺便说一句，虽然我降级了，可是我原来所在的那个每天军训的班级在中考时竟然以全年级最差的成绩给了章老师一个答案——看来靠正步走是走不出好成绩的。所以，当我们在成长的过程中遇到难题的时候，你只要坚持一下，就一定会云开见日的。如果我当时真的放弃了，那么世上就少了一个搞笑的作文老师，那是多么大的损失呀。当年我在日记本上郑重其事地写下"我永远忘不了某年某月的某一天"，可是现在我早就忘了那是哪一年哪一天了，甚至是春天还是秋天都记不清了。看来真是像王朔说的：

"现在看起来刻骨铭心的惨痛，过个几年再看，你就会觉得无足轻重。"

　　我那个时候年纪那么小，根本就不会知道未来自己到底会成为一个什么样的人，因为我的人生甚至还没有开始呢，就算不能成为一个有用的人，至少我可以成为一个快乐的人。尤其

重要的是，对爸爸妈妈来说，不管你的成绩怎么样，你都是他们最爱的孩子！不要小看自己在这个世界上的地位，对你的亲人来说，你就是他们的一切。

==任何一个人，长大的过程都不是一帆风顺的，成长不是件容易的事情。正是在一次次的打击下你才会慢慢变得强大的。==有时候我也想，小时候吃点苦头是好事，能让我迅速成长起来。

在这个故事里，我们特别要注意环境描写。环境描写在作文里的作用大概有三个。第一个是起到介绍的作用，你来到一个地方，别人没有来过，那么你要介绍下。这是最常见的，对自然环境的描写，也就是常说的景物描写。而且也好掌握，就是看见什么写什么。比如你去梅花山春游，那么肯定要写写梅花山什么样，告诉读者那里的景色。通过详细描写，读者才知道那里什么样。

环境描写的第二个作用是"烘托气氛"。"今天要考试，教室里静悄悄的，就好像只有两三个人一样。偶尔有人咳嗽一声，或者打开铅笔盒发出小小的噪声。"这样写就烘托了考试之前的紧张气氛。而去菜市场呢？"菜市场里面乌烟瘴气的，到处都是人喊鸡叫，人们挤挤挨挨地踩着脚下的污水。刚刚躲过了一股鸡屎味儿，又迎来了一阵腐烂的菜叶味儿。"这么一写就写出了菜市场里的热闹。

环境描写的第三个作用，也是最重要的一个作用就是"衬托人物心情"。也许人在处于巨变时感官会变得敏锐起来，每当想起这件事，我首先想到的是那天的天气。而那样的天气恰好衬托了我的沮丧的心情。前一天下午是阴天，用句歌词来说就是"老天陪我掉眼泪"。第二天是晴天，歌中又唱道："天空的太阳正艳丽，我的心却在哭泣。"你看景物很好写吧，不是和你心情相同的就是相反的。所谓"一切景语皆情语"，写景物，是为了要写心情。

　　环境描写最好能够加上"声音"。作文有了声音就"活"了起来。一个人得到的外界信息 90% 都是来自眼睛，都是"看到的"。而如果能够写很多"听到的"，就表明你是一个很敏锐的人。我判断一个作家是否优秀的标准就是他的耳朵好不好使，很多作家的景物描写基本就是由声音构成的。接下来，我们来看看课后的文学欣赏部分。作文里面有了拟声词也就"有声有色"了。

147

伟大的托尔斯泰描写的列文的故事，这段文字是我看到的所有文学作品中最幸福的一段文字了。那种幸福甚至溢出纸外，每每读的时候都让人热泪盈眶：世界上还有这么幸福的人，真好！

列文的幸福①

作者：〔俄国〕列夫·托尔斯泰

　　街上还是空空的。列文向谢尔巴茨基家走去。大门还关着，一切都沉睡着。他走回来，又走进自己的房间，吩咐拿咖啡来。白天的侍者给他端来了咖啡。列文原来想和他攀谈的，但是铃响了，他走了出去。列文试着去喝咖啡，把一片白面包放进嘴里，但是他的嘴简直不知道怎样对付面包了。列文吐出了面包，穿上外套，又走出去了。他第二次来到谢尔巴茨基家门口的台阶的时候，已经是九点多了。房里的人还刚刚起来，厨师正出去买菜。他至少还得消磨两个钟头。

　　整整一夜和一个早晨，列文完全无意识地度过去，感到好像完全超脱在物质生活的条件之外了。他一整天没有吃东西，两夜没有睡觉，没有穿外套在严寒的空气里过了好几个钟头，不但感觉比什么时候都更清醒更健康，而且简直感到超脱于形骸之外了；他一举一动都不用费力，而且感到仿佛他是无所不能的了。他深信不疑，必要的时候他可以飞上天去，或是举起房子的一角来。他在街上走来走去，不断地看表，向周围眺望，把剩下的时间就这样地度过。

　　他当时所看到的东西，他以后再也不会看见了。上学去的小孩们，从房顶上飞到人行道上的蓝灰色的鸽子，被一只见不到的手陈列出来的盖满了面粉的面包，特别打动了他。这些面包、这些鸽子、这两个小孩都不是尘世的东西。这一切都

①节选自长篇小说《安娜·卡列尼娜》。

是同时发生的：一个小孩向鸽子跑去，笑着望了列文一眼；鸽子拍击着羽翼在太阳光下，在空中战栗的雪粉中间闪烁着飞过去了；而从一个窗子里发出烤面包的香味，面包被陈列了出来。这一切合在一起是这样的分外美好，列文笑了，竟至欢喜得要哭出来。

沿着迦杰特内大街到基斯洛夫克大街兜了一个圈子，他又回到了旅馆，把表放在前面，他坐下，静待着十二点钟到来。在隔壁房间里，人们在谈论着什么机器和欺诈的事情，发出早晨的咳嗽声。他们不知道时针正逼近十二点了。

写作文需要有"环境描写"。"环境描写"不仅仅是"自然环境"，还有"社会环境"，比如教室里，就是社会环境。任何作文都可以有"环境描写"。

暖暖的被子

中央路小学　李阳

一想到这件事，我都不知道该哭还是该笑。

那是一个阳光灿烂的中午，我在幼儿园睡午觉，我睡得很沉，仿佛电闪雷鸣也叫不醒我，我甚至自己已经画了一张大大的"世界地图"都不知道。午休快结束了，我缓缓地醒了过来，一道阳光斜着照进房间。我突然发现自己的床单和别人的床单有点不一样。别的小朋友仍在睡着觉，他们的床单是蓝格子的，可我的却是如此与众不同。这个床单白色打底，上面绣着好几朵牡丹花，被子和床单是一套的，也一样绣着好几朵牡丹花，旁边有几只小兔子，有的兔子在欢乐地吃着青草，有的在呼呼大睡。

后来，我听妈妈讲，那天我"画地图"了，张老师从柜子里拿出另一床被子，给我换上了，那张"地图"则被张老师拿去洗了。

每次我看见窗外的蓝天白云就会想起那床温暖的被子，每一次我想起那床被子，就想起慈母般的张老师，可我离开幼儿园后，就再也没有见过张老师了。

点　评

　　"一道阳光斜着照进房间"，我们都有过那种从梦中醒来看见阳光的幸福感，那是一种好像时间永恒的幻觉，这样的时刻，来画一个"地图"，还是很应景的。

我要度假

力学小学　秦子川

今天，我和妈妈来到桂林，这里的山真美呀！它们高高低低，参差不齐，有的像骆驼，有的像大象，有的像笔架，还有的像婀娜多姿的女郎在舞动着娇艳的身体。

我的头就像陀螺一样，转了一圈又一圈。当妈妈喊我看一座奇特的山时，才"呼"的一声把头转了回来。

妈妈又开始像导游似的，滔滔不绝地讲了起来："这座山叫……因为古时候……所以这座山叫……"我听得脑袋都要炸了，什么玉皇大帝呀，太上老君呀，如来佛祖呀……我管你是什么东西呢！反正我是来观景的，不是来听节的！我在心里强烈反抗，但我还是不敢把这些话说出来，只能在心里暗自叫苦。

我一边打着哈欠，一边无趣地听老妈讲她那自以为很好听的故事。听着这无聊的故事，眼前的美景也变得乏味起来。

唉，明明是出来度假，还不如待在有空调的家里写作业舒服呢。我要度假，我要领略祖国的大好河山，我要投入到大自然的怀抱，而不是妈妈的怀抱！

我与小乌龟

力学小学　叶沃若

从前，我有一只小乌龟，它很可爱，我叫它"小乌"。

有一次，它不见了。我左找右找，把家都快翻成狗窝了，还没有找到它，我又去邻居家找了一遍，还是没有找到它，最后，我灰心了。想起以前和小乌一起散步，一起玩，我有时还会把它翻过来，看它能不能再自己翻回来，有时我望着它在那里自由自在地游泳，自己心里就不害怕游泳了。现在小乌不在了，以前所有的东西和事都化为泡沫了。

悲伤的尽头在何处，黑暗的雨点滴滴答答地下着，希望的彩虹什么时候才出现？我边听着雨点的响声边想。此时此刻我的心碎了，原来心里的阳光变成了黑色的天空。我望着天空，那雨滴滴答答地下着，好像也在为小乌祈祷、默哀。

小乌再见了！

点评

很显然，雨点不可能是黑色的。因为你的心情是黑色的，所以一切在你眼中都是黑色的。

夏天真烦

力学小学 张家漤

　　我坐在教室里上数学课，太阳透过厚厚的窗帘照了进来，窗户紧紧地关着，没有一丝风能吹进如桑拿房般的教室。"嗡嗡嗡"，虽然电风扇努力地工作着，窗帘努力地抵挡着阳光，但是我的汗依然一滴接着一滴地往下滴。

　　我热得快要变成"烤小猫"了，便从桌上拿起数学本扇了起来，尽管这样，热浪仍然刺激着每一个毛孔。我又从书包里拿出了一张纸，左手拿着纸擦汗，右手拿着本子扇风。我顿时感到头晕晕的，老师讲的话先是变成了天书，然后就变成了蚊子叫。课本上的字，一会儿明，一会儿暗，像是在跟我玩捉迷藏。慢慢地，这些文字先是原地旋转着，然后被一股热浪卷入海中，随着海水上下起伏。"哈哈哈哈……嘟……"耳边又传来楼下同学上体育课时的欢笑声；远处的汽车时不时"嘀咕"几句；不知藏在什么地方的知了拼命地叫。

　　我把窗户打开了，凉爽的风吹拂在脸上，凉丝丝的，舒服极了，我慢慢清醒过来。哈！原来下课了，我起身奔出了这个大大的"桑拿房"跑向操场，去享受凉风的吹拂。

点评

　　一个闷热、无聊的下午，一段生无可恋的人生。难得的是那些"声音"的表现，更加对比出"我"的无奈。

牧 童

北京东路小学　张皓

　　一天，我带着我的牛到山上吃草。山脚下有几条小溪，溪水清澈见底，里面有几条小鱼在游动，它们还在水里绕着水藻捉迷藏呢！

　　我听到黄鹂鸟美妙的歌声，看到地上各种各样美丽的野花，有名字的、没名字的，我知道的、我不知道的，争奇斗艳，急着让人们看它们美丽的笑脸。还有那些绿油油的青草，那是我的小牛最爱吃的了！

　　我坐在小牛的背上，小牛"哞哞"叫了两声，向河里走去。小牛下了河，有几条鱼游过来去碰小牛的鼻子，小牛用舌头舔小鱼，小鱼马上跑了。我坐在牛背上笑了起来，一阵笛声引来了几只小鸟和我一起唱。我的小牛也跳了起来，一边向岸上走一边"哞哞"叫，我差点掉下来。

　　我牵着小牛到一块草地上吃草，小牛高兴地吃着鲜嫩的青草，而我呢，就躺在草地上进入了梦乡。啊！多么惬意的生活呀！

生活其实很美

力学小学　王雯承

每天出操时，我都会看见一个老奶奶在晒被子。

今天天气晴朗，滑翔在天边的鸟儿不时鸣叫两声。那个老奶奶又在晒被子了，她长满皱纹的脸上，仿佛已经经过岁月的洗礼，从老奶奶的脸上我读出许多故事。她已缺少水分的嘴皮微微翘起，我凝视着她，她微笑着看着我，我们双目对视。

突然，一阵风吹过，被吹起的床单把我们的视线分离了。这时，韩老师走过来，和蔼地说："王雯承，回班吧！张老师让你帮忙看看作业本。"我跑回教室，可心还在操场那个老奶奶身上。

渐渐地我习以为常，每天都会渴望看见那个老奶奶笑，甚至跟她打打招呼。有一天，我在放学路上遇见了那个老奶奶。她也看见了我，我很开心，但只是简短地问了一句"奶奶好"就走了，因为人家还是有些害羞的啦！

瞧，这个老奶奶的生活就是在生命的舞动下变得很美，她真的很美！

点评

这个孩子的内心太敏感太温柔了，我不知道你为什么会喜欢一个素不相识的老奶奶，只能理解为是你的善良使然。也许，还有"天边鸟儿的鸣叫"打动了你柔软的心。

我的大作

下 课 了

瑞金北路小学　赵妤僮

下课了，我们像斗牛场的牛一样，嘴里又喊又叫地冲出了教室。

我也像发疯似的在操场上跑着，"终于下课了，终于下课了"。我们在操场上疯跑着，"砰"的一声我和张美凌撞在了一起，她把我撞翻在地，我俩像什么事儿都没有发生一样，爬起来就各奔东西。正跑得开心，校长来了，我们立刻换了一副面孔，等校长走远了，又疯跑起来。

我跑呀跑呀，眼前都是晃动的树枝，还有蓝天和很耀眼的光在我脸上跳跃。我气喘吁吁地停下来，突然，我发现操场上一个人都没有了，但是尘土还留在半空中。我能听到鸟叫了，还有隔壁的汽车声，还有不知道哪里传来的哪个倒霉孩子弹的钢琴声。

我猛地往教室跑去，还没到门口就听见里面有读第七课课文的声音，心想"完了"，是语文课，是班主任……

点评

哈哈哈，这个小作文好有意思呀。那个"突然"确实很突然，孩子竟然会玩儿到忘我的境界。两段环境描写特别好，从热闹非凡到一片安静，有对比，尤其是后一段，"尘土还留在半空中"，细腻！

黄 昏

银城小学　姜如

　　一个炎热的夏天，我放学回家后，家里静悄悄的，一个人都没有。我低头看了看脚下的地板。还好，地板还像以往那样干净，深棕色的地面映出了我有些惊恐的棕色眼睛，沙发也像以前那样柔软舒适。窗外的鸟儿们慢慢地、轻轻地唱着歌儿。

　　我扔下书包（今天是无作业日），随手抓起一本《哈利·波特》，书页被我翻得"哗哗"直响，绿色的封面把穿着黑袍子的巫师衬托得更加神秘。我"扑通"一声坐在了窗台上，看着窗外的景色，不知不觉，已经到了黄昏，天空就像一块色彩缤纷的天鹅绒布一样，仿佛是一条条紫色、红色，夹着道道金光的橘黄色和一点点蓝色、白色丝绒织成的。我把窗户打开，让晚间凉风温柔地抚摸着我的脸颊。楼下的孩子们不断地发出天真的、银铃般的笑声，绿色的爬山虎也乐了，叶子一张一合，看起来在大笑呢！这时，一只雏鸟落在了一棵大树上，唱出悦耳、动听的歌声……

点评

　　多么和谐恬静的黄昏呀，难得的"半日闲"。不知道为什么，当我联想到你们平时的辛苦时，竟有一种心生同情而又怜悯的感觉。

过 年 啦！

天妃宫小学　李佳怡

过年了，家家户户贴春联，做年夜饭，小孩子们放鞭炮，抢着向长辈要压岁钱。

在我心里，过年的景象是最美好的，有各种各样的烟花和美食，长辈们忙里忙外地做美食，才构成了这一幅美景。

妈妈"哗哗"地洗着菜，不停地吆喝着哥哥打下手。大妈切着排骨，不停地叫姐姐来帮忙。奶奶做着糕饼，把面揉来揉去，时不时叫我来加面粉。爷爷往灶台里添着柴火，爸爸也没闲着，开着"嘟嘟"直响的汽车上街买烟花去了。

爸爸把烟花买回家时，天已经黑了。大家忙了一天也应该歇会儿了！我放着五彩缤纷的烟花，连小狗也来观赏美景了。

只听烟花"嗵"的一声冲上了天。突然，炸开了！变成了数不清的金条从天而降。"发财啦！发财啦！"姐姐大声叫喊道。

过年可真热闹！

夜晚的上海路

力学小学　陆骏萧

夜晚，我走在小巷子里。

小巷子里很安静，远处偶尔传来风吹过树枝的"沙沙"声，酒吧里传来好听的音乐声。我独自走在漆黑的夜里，看见前方的路灯闪烁着微弱的光芒，远处时不时地传来人们的脚步声。在漆黑的夜里，随时可以看到桂花树的倒影，整个上海路比白天寂静许多，小动物们好像都已经呼呼大睡，可还是可以听见高墙里面的人在说话。

走着走着，我突然看见前面有一位年轻的小姐姐骑车带着一位满脸皱纹的老太太，这位小姐姐说了一句："妈，坐在后面不累吧？"这时，我突然感觉有一股暖流袭来。我看着她们的背影，心想：她们真美。

这漆黑的夜晚，因为有小姐姐温暖的心，不再黑暗。

午后的安静

无名氏小朋友

夏季正午，爷爷奶奶在午睡，前前后后的邻居，没有不沉浸在美梦中的。熟睡中的爷爷奶奶，慈祥的脸上露出了笑容，不时地打呼噜，一阵响一阵轻，仿佛猫在年迈时从喉咙里发出的轻微声响。我打开厕所灯，微弱的灯光亮起，灯泡发出像是鸡蛋下油锅时的"噼啪"声。爸爸在睡梦中突然被吵醒，不停地抱怨。我关了灯，一切又都安静下来了。这时，窗外的阳光显得越发明亮。知了的叫声也就越发刺耳，它们就像不懂事的孩子一样，拼命地尖叫。其中一只蝉，从没拉上的纱窗外飞进了爷爷奶奶家。

在这个陌生的环境中，它不再尖叫，似乎知道有两位可爱的老人正躺在床上打着鼾。这时，一只小麻雀从电线杆上飞了下来，停留在窗台上，歪着脑袋，眨巴着调皮的大眼睛，打量着屋内，然后清了清嗓子，开始了它的演唱："喳儿——喳，喳儿——喳……"它唱了一会儿，便停止了演唱，又歪着脑袋打量着什么。此时正有三双眼睛在盯着那两位老人……

这种安静只不过是中午那短短的一小时。

神奇的巴赫

芜湖市镜湖小学　金子祺

也许就是这样，在奇怪的地方发生一些奇奇怪怪的转折。

我低头看着手里的试卷，当时凝固着的空气，使我无法挣脱束缚，天空因为下暴雨像泼了墨一样黑。

但就在绝望的时候，一首，不，只是一小段的音乐打破了凝固的空气，像一块雾蒙蒙的脏玻璃突然被擦亮了一角，是下课铃！那是一段巴赫的《小步舞曲》，这段曲子我再熟悉不过了，它每天按时响起。这首曲子简单活泼，清新亮丽，平日里有一种百合和向日葵的气息，眼下倒是一种清风夹杂着淡淡的泥土香的感觉，这是我的感觉。本来这简直是再正常不过的下课铃了，但现在就像是救命稻草，倒不是它特别火急火燎，而是下课铃让我第一次感觉到这像一首曲子，回味悠长却不浓烈，像四月的春风一样美丽动人。"下课时间到了，老师，你们辛苦了！"这原本机械的声音变得和蔼可亲，像一个温柔的大姐姐，声音音调不大不小，好像凑在你耳边说悄悄话，生怕被发现似的，我第一次觉得下课铃是如此悦耳……

我的目光又一次投向了窗外那片我曾经同情过的树叶，它多汁、饱满、鲜嫩，悄然立在树枝上，那亭亭玉立的样儿早就不像一开始痛苦挣扎的树叶了。雨停了，天空中露出了白巧克力的颜色，空气像巧克力夹心的软糖一样香甜，那片树叶像我一样得到了解脱，在风中自在地晃动着身子……

人生就是这样，在意想不到的地方发生着天翻地覆的转折。

点评

我都有点不敢相信这是孩子的作文，不是因为你的笔触老练，而是因为选材。谁会被一首曲子拯救呢？尤其是结尾那段环境描写，绝对的大师手笔！给你点一百个赞。

当我跑步时……

石鼓路小学　马澜溪

　　我跑到森林中心时看到的是最美的景色。刚下过雨后的森林处处充满了清新的味道以及阳光的香气，我发现我从未见过如此美的露珠，在阳光下折射出了七彩的光。

　　地上的水坑分布在我要走的方向，我一脚踩一个，水"啪啪"地发出清脆的响声。水花飞溅，沾湿了我的裤角，但我一点儿也不在乎。

　　小溪并不深，到我小腿，我索性就直接从中"游走"了过去，凉凉的。水中跑步是件十分有趣的事，明明由于裤子湿透了而很沉重，但水的浮力又使我飘飘欲仙。我弯下腰，掬了一捧水往身上浇去。从脸到胳膊顿感一阵清凉，午后的风吹在我脸上暖洋洋的。

　　当我从小溪里走上岸后，我从一旁的果树上摘了几个不认识的果子，每一个果子上都沾满了美丽的水珠。

做 梦

力学小学　李中鼎

　　黑黝黝的夜里，我发现我来到了一艘船上，船上灯火辉煌，十分美丽，船员们在忙碌着。突然船驶进入一大片黑暗之中，灯都灭了，天空雷电交加，把漆黑的夜都照亮了。黑水翻腾，拍打着船舷，船左右摇摆，"砰！刺啦——"船撞在了岩石上，一阵摇晃后向前倾斜，然后被海托了起来，又重重地摔在了水中，我一失足，摔倒在地，后来我就晕了过去。一醒来，我模模糊糊地看到有一个像鲸的动物在攻击我的船，然后它由一个变成了十个，十个变成了百个，百个变成了千个……同时攻击我的船，在猛烈的攻击下，船一摇，一个炸雷响起，船沉了。我被抛到了水里……

　　"懒虫起床！布谷！布谷！"我惊醒。外面下着小雨，发出"啪啪啪"的声音，雨水打在叶子上。我想象着梦中的船、岩石和我没看清的大鲸鱼，船可能是什么呢？我掐着手指算啊算，船难道是指我？海是人生旅途？岩石是困难？如果是这样，我是被什么所打败的呢？我想不明白。到底鲸是什么？我呆呆地看着窗外，两眼发直。雨和梦有什么关系？我不禁打了个寒战……

我 愿 意

海英小学　龙语行

　　夜幕降临，风呼呼地吹着，吹得我的心也像狂风中的落叶一样卷上了天。我躺在床上难以入睡。哈姆雷特说"生与死，这是一个问题"，而我则是"足球队，参不参加，这是一个问题"。不参加足球队吧，教练和同学们热切的面庞又出现在我的脑海中。可参加吧，妈妈那双严厉的眼睛似乎无处不在地看着我："哼，你要是进足球队耽误了学习，你是知道结果的！"众所周知，我们的妈妈老是觉得我们学习还不够努力！哎呀！究竟该怎么办呢？好像时间被人按了停止键，让我彻夜难眠。

　　终于睡着了！可梦中的我一样无法好梦。我站在路口，不知如何选择。一条路上，我跟同学们快乐地踢着足球，接着是被骂得狗血喷头；一条路上，是我，一个普通的小学生，不会踢足球，但学习成绩还算可以；还有一条路上的我，踢球、学习两不误。我想也不想就走了过去！瞬间一阵白光笼罩了我，还没等我睁开眼睛，"丁零零！"铃声响起了，我把闹钟关掉，迎来了抉择困难的一天。这一天，时间加快了速度，一下子就吃午饭了，看来我只能面对它了。

　　教练举着足球眼睛却瞅着别处问我："龙语行，你到底参加不参加足球队？"
我再一次确认了我的心意，于是大声喊道："我愿意……"

　　首尾呼应的黑夜好像给了你勇气。一声大喊"我愿意"，我已经
看到了你悲壮的决心。

今天真高兴

拉萨路小学　张清越

　　早上，我来学校，我的书包像押犯人一样把我押到学校。我"噌"一下爬上楼，一步跟着一步，不一会儿就来到了教室。我像老牛一样"砰"地撞开门，教室里没人，阴森森的，犹如一片荒地。原来我是第一名。

　　我一蹦三尺高，把书包重重地摔在地上，然后打开这个大大的"工具包"，开始开发这片荒地。

　　我先纵身一跃，"啪"的一声打开灯，让教室的"心脏"跳起来。一用力，"当"一声开了窗，让教室的鼻孔呼吸起来。最后，把黑板擦干净，让教室的眼睛睁开。这下子我感觉教室里生气勃勃。

　　今天我打扫卫生，我高兴地和拖把跳舞，让它乱蓬蓬的"草裙"变得整齐。我和拖把玩游戏，玩得不亦乐乎。

　　今天的高兴像火车，简直停不下来。

点评

　　一连串的声音，一连串的拟人，我一口气读下来心情也豁然开朗起来。

深 夜

力学小学　高振翔

夜，好深好深，天黑得如墨，好像老天爷写作文时把墨水瓶打翻了。

窗外的灯一盏接着一盏灭了，只有风"呼呼"地叫。没有树叶的响声，没有人的脚步声，没有动物的鸣叫声，就连汽车声也没有，整个世界仿佛被一只专吃声音的虫吞了下去，又吐了出来，但声音却留在了它的肚子里。

全南京的灯都关了，只有我们家的灯还是亮的。我头上系着写满"努力"的头巾，奋笔疾书。脑子里"轰轰"乱响，好像 1000000000000 架战斗机在我的脑子里做飞行比赛。

爸妈屋里的灯也关了，只有我的小猫咪陪着我。小猫咪没过一会儿就打起了瞌睡，它伸了个懒腰，"喵呜"叫了一声，蹿到我的腿上，缩成一团睡了过去。我用钢尺轻轻打着它的屁股，说道："懒猫，你还没洗澡呢！"说完，我也"咚"的一声倒在了床上。

点评

夜，漆黑如墨，就已经预示了你悲惨的命运。果然，猫都睡了，你也只能"咚"的一声倒在床上。小高同学很有想象力，这样的想象力让小高成为一个可爱的孩子。

无 题

无 名 氏 小 朋 友

今天早上，妈妈开车带我去上学，在半路上，堵车了。我对妈妈说："快到了吗？我自己下去走一段吧。"

妈妈停下车，带着我过了马路然后离开了。我独自走在小路上。我心里一点儿都不紧张，反而很骄傲，我觉得我自己已经长大了。

我心里默默地想，此时要是有人说一句"哇！这个小朋友才二年级居然就自己上学了，可真厉害啊"该多好呀。

可是，我等了很久，都没有一个人说这句话。唉！不知不觉我已经走到了学校的门口。

点评

"哇！这个小朋友才二年级居然就自己上学了，可真厉害啊！"这就是心里话呀。看这句话的时候我都乐了，陡然对这个小朋友生出很多好感。一天，有个我教过的孩子来看我，他上高中了，说自己的作文在学校里算很棒的，经常作为范文读给大家听。这个孩子的作文经常写的就是自己的真情实感，他们班有很多孩子已经写不出来这些感受了。

写给爸妈的话

环境描写很重要，因为人们对"环境"的敏感度很高。当你的作文里有一段环境描写时，你的老师也会觉得"舒服"。很多老师觉得作文里面非要加入大量的景物描写才行，也许是因为老师觉得景物描写他能够理解吧。

这里的"环境描写"不是单指"景物描写"，因为"环境描写"比景物描写范围广。"景物"是对自然环境和社会环境中的风景物体的描写，而"环境"却无处不在。可以说任何作文里都可以加入环境描写，因为"我"的四周就是"环境"。"我"坐在教室里，"我"身边的桌椅、教室，甚至同学，都是"环"着"我"的"境"。宇宙、外太空，都有"环境"。所以说环境描写更广泛，因为只要是记叙文，任何作文都可以加入环境描写。

但是环境描写不是随便乱写的，环境描写是有重要作用的。我们理解了环境描写的作用，就知道应该在什么地方加入适合的环境描写了。

第六章

人生转折

柳暗花明又一村

1. 我因为初中学习不好，所以考到一所职业中学，学电脑专业。可是我这个人对电脑什么的是半点兴趣都没有的。学了两年，我连开机都不会。虽然不用再正步走了，可是不知道为什么，每当我想起那所学校，留给我的印象总是暗暗的、灰灰的。无论是教室还是走廊，仿佛永远都处于下午那段暗无天日的时光。因为成绩倒数，老师总暗示我有可能还要降级，那样的打击留给我的伤痛实在是太深了。可要迎头赶上吧，又实在没有动力。

2. 在一个春天，雪刚刚融化，下午放学比较早，那天阳光还好，我低着头往江边走去，想去看看春天的松花江。在一个路口，我听见一阵欢声笑语。我抬起头来，只见眼前出现了一栋美丽的建筑，是那种老式的俄式建筑。一群孩子从里面走出来，他们从我身边走过，我从来没见过这么开心的人。我看看学校的名字——第×××美术职业学校。

3. 于是我背着书包转身就往家跑。跑到家里，对妈妈说，我要转学，如果不能转学，我就不上学了。最后我终于转进了这所学校。一切都变了，我的人生开始进入一个崭新的阶段。那是我一生中最美好的时光，需要专门写一个小说来记住。这里我想说的是另一件事情。

4. 因为是学美术，正好是我的爱好，学得就比较好。那么就可以考大学。专业课也就是美术没有问题了，可是还要考文化课的。你们知道我学习成绩一向不好，怎么考呀？那时候基本抱着车到山前必有路的心态，每天只是画画，从来不去想学习的事情。有个前辈时不时要拿出历史书考考我课文下面的注解，说他注解都背得滚瓜烂熟，可就是只能考十几分。我就更加没有信心了。因为我从来都不把自己划到好学生的行列，对考试基本就不抱幻想了。

5. 就这样，临考还有两个月了，有一天我去找同学玩，他妈妈堵在门口说他们家孩子要备考学习了，让我去找别人玩。出了他家的门，下午的街上空无一人，风儿吹着树枝摇摆。我心里猛地一抖，拔腿就往家里跑，该学习了！

6. 回家稍微冷静下来，分析了一下形势。我们那个时候高考，学美术的只需要考文科，而且每科都是百分制，只要五门总分能够考205分以上就能达到分数线，平均每科只要四十几分。我翻出崭新的课本，心里默默计算了一下。因为平时喜欢看闲书，自觉语文应该不是问题，每次考试不用复习也能够考90分以上。

7. 地理、历史和政治三门功课中，历史虽然被前辈吓坏，但是也逼着我想出了一个很好的学习方法，就是我只看大题，短时间内我也只能抓大放小了，把重大的历史事件背个滚瓜烂熟，最后的几天，我看了看目录，发现我竟然可以完整地串出一条历史脉络，心里好像有点底儿了。

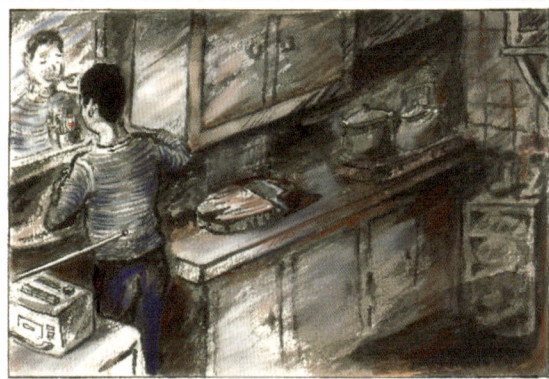

8. 政治书只有薄薄的一小本，拿出红笔把我认为是重点的部分划下来，然后用录音机把它们录下来。每天吃饭、刷牙、洗脸的时候就听听。

9. 地理虽然有几本书，可是翻了翻觉得也没什么难的，就是背呗。我经常站在桌子上背书，要不就是爬到很高的立柜上面蹲着背书。不知道为什么会有这样的举动，可能是要激励自己站得更高吧。我每天都背到半夜。因为没有好的学习习惯，我甚至没想到应该去买一本练习册来辅助学习。

10. 就这样迎来了高考，前一天晚上，本来想早点睡觉，好精力充沛地迎接高考，可是睡得早了反倒睡不着了，翻来覆去一直到天亮才打了个盹。

11. 第一场是语文，真的和传说中一样，只要你看书次数足够多，所有的题目看着都眼熟。但是自学有个小小的问题，有一道题，"陆虞候"的读音，我虽然熟读《水浒》，可是不求甚解，不认识的字就随便念，真要较真就完蛋了。看着这么眼熟的字就是不认识，我真是气死了。

12. 写完作文我下意识地回头看了看考场，发现我们班画画最好的同学眼含热泪对着我笑，我不知道他笑什么，他冲我举起试卷，我才发现还有10分钟收卷，他的作文竟然一个字也没有写。

13. 最后一科是政治，我看了看卷子，觉得都会，于是就放松下来，心想哪怕睡一觉起来再写都来得及。可是做着做着时间就不够了，紧赶慢赶把题都做完了。从此以后我落下一个毛病，就是老是做梦梦见自己在考政治，结果睡着了，醒来一看只有5分钟了，脑袋都不会转了，即使在梦里手都拿不住笔。

14. 交卷之后走出考场才发现外面水漫金山，路都被淹了。原来在我们考试的时候下了一场瓢泼大雨，因为过于专心的缘故我竟然对电闪雷鸣毫无察觉。接下来的日子就是等公布成绩了，那个时候不能电脑查分数的，只能去招生办查分数。到了那天，我随着几个同学没精打采地往招生办走，心中根本没有抱希望。

15. 到了招生办，我拿出考号问了成绩：285分。我迷迷糊糊地走出大门，心里想："285分，可能吗？肯定是弄错了。"回去再问问，工作人员白了我一眼："别嗲瑟啊！"最终还是确认了这个分数。语文87分，政治68分，地理67分，历史42分。连我们班的学委、班长都没有我考得好。我竟然考了个全班第一，那个分数在当年可以说是任何美术学院都可以上的。

16. 我疯了一样骑车往家赶，到了楼下就用变调的嗓音使劲儿喊我妈，我扯着嗓子告诉她我的分数。然后我骑着车子一路狂奔，沿着江边一直骑到精疲力竭才把车子一扔躺倒在江边的草地上，大口喘着气看着天上的云彩。

这是本书的最后一章了，我只想和小朋友们分享几个人生经验。第一，不要放弃，不要妄自菲薄，谁知道自己的潜力到底有多大呢？一定要试试才知道自己的斤两。如果我开始就放弃了备考，放弃了高考，那么我的人生肯定和现在是不一样的。

还有，学习是长跑，现在学习不好，不等于永远学习不好。学习是陪伴一生的习惯，不要仅仅为了某个目的而学习。因为一旦目的达到了，就失去了继续学习的动力。我们学习不仅仅是为了应付考试，而是因为你对这个世界充满了好奇，你想知道这个神奇的世界到底有多神奇，那么你就会不停地学习以满足自己的求知欲和好奇心。小时候学习成绩不好的我，长大后同学聚会的时候发现自己竟然成了尖子生，因为很多人都不再学习了，而我却一直保持着读书的习惯。虽然说看书没有让我成为一个所谓的成功人士，但是这个习惯让我过得充实，自我感觉人生还是有意思的。如果在我死之前有几本书没有看完的话，

别急，
等我看完这堆
书就和
你走

那么我会很遗憾，这个世界上有过这么美好的精神食粮，可我还没有吃到，真是太遗憾了，为了不留这样的遗憾，只要有空我就会捧着书看。对了，虽然我奇迹般地考了全班第一，但是回头看看，不是别的学科和别人拉开距离，靠的就是语文成绩。这主要归功于我平时良好的阅读习惯。"工夫在诗外"，学了的东西总是有用的。

还有，树挪死，人挪活。为什么一定要在一棵树上吊死呢？我现在都庆幸自己在那个时候做出了转学的正确决定。一定要选择一个自己喜欢的专业来读大学，那么工作呢，也是一样，一定要找一个自己喜欢的职业来做。因为只有你喜欢才能够做好，你在工作的时候才会快乐。我现在每天教书觉得很开心，看见孩子们也很开心。能够找到一个自己喜欢的职业的人应该是个幸福的人吧。

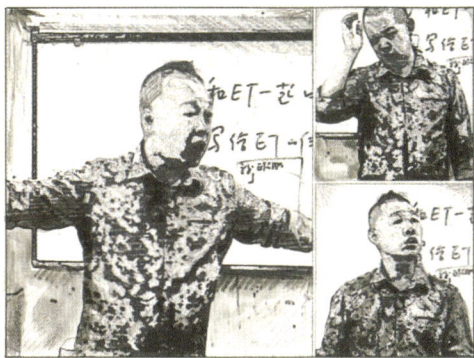

还有，我虽然学习成绩不好，可是我画画好呀，不是一样可以安身立命？如果学习好指的仅仅是文化课成绩好，那么学习就好像让所有的动物都去参加跑步比赛。如果你是马，当然没有问题，你就使劲儿跑。可是有些人是牛，他善于负重；有些人是鱼，善于游泳；有些人是鸟，飞得高。这个世界这样有趣，就是因为足够丰富多彩。如果每个人都是"马"，那谁去负重，谁去高飞呢？而且那样该是多么可怕和无聊呀。我不同意所谓的"水桶短板"理论，说的是一个水桶最短的板子决定了这个水桶可以装多少水，也就是说一个人要全面发展。可是人生就这么短暂，怎么可能面面俱到呢？什么都会点儿没准儿是什么都不精呢。所以在我看来，一定要有自己的爱好，只要有一样拿得出手的强项，你就是一个很厉害的人了，所谓"一招鲜吃遍天"，但是这一招一定要是你热爱的。

我们人类生下来就有很多东西需要学习，而绝对不仅是学习书本上的东西。我们需要学习和其他人沟通的能力，如果你有很多好朋友，你发现很多人都喜欢和你玩儿，那么你长大了可能

会成为一个领导者。如果你只是喜欢一个人静静地做白日梦，那么你可能成为一个作家、一个导演。如果你喜欢疯玩，所有的体育项目你可能都无师自通，即使你拿不到冠军，至少你有一个强壮的体魄。如果你是一个很快乐的人，虽然学习成绩不好可一样很开心，那么良好的心态足以让你成为一个幸福的人。教育的目的是让人成为"我自己"，而不是"别人家的孩子"。

这一章没有命题作文了，这本书其实就想告诉你做一个与众不同的人，那么你就写下一篇"与众不同"的文章吧。

小时候的我

长江路小学　陈虹睿

小时候，大人们都说我有点"傻"。直到现在，我也不知道为什么，可能是因为那一次吧。

有一次，我回了老家，我的老家有一个鱼塘，我总能看到有人在打鱼。

回到了南京，我呆呆地躺在床上，跷着二郎腿，冲着天花板看，想起了老家的那一张张渔网，我又扭过头看了看纱窗，便有了很大的启发。

我爬起来，趁爸爸妈妈不在家，像小偷一样，偷偷地拿出安全剪刀，剪了一块窗纱。我上了床，用双手举起那块窗纱，摆了起来。

这时，门响了，爸爸妈妈回来了，我迅速把那块纱藏在了书柜里，又上了床，"乖乖"地玩着。妈妈见到我就问："我们不在家时，你是不是又淘气了？""没有啊。"妈妈就没有继续追问了。

那一晚，正好在夏天，第二天一早，我们身上便多了无数个包。

那两天，我像有跳蚤在身上一样抓个不停，妈妈没注意到我的反常，我也没有告诉她。

又过了几天，妈妈来打扫我的房间，发现了窗户上那个洞，把我拉过来问："是不是你剪的？"我忙说："没有，是一只小松鼠把它咬下来带走的！嗯，对，没错就是小松鼠，对，嘿嘿！"妈妈睁大眼睛看了我一会儿，没说什么就走了。

晚上，妈妈给我从书柜上拿书读故事，发现了"证据"。她把窗纱拿在手上又问我："你上午说是一只小松鼠干的，对吧？那我问你这是怎么回事？"我眨眨眼对妈妈说："它可真是一只聪明的小松鼠呀！"

那年，我五岁……

点评

小孩子说谎，也许是因为她就是这么想的呢。她都能想用窗纱做一个渔网，她就能造一个松鼠出来咬窗纱。童年，总是那么的神奇又可爱。

我 爱 哭

力学小学　张慧怡

我从小到大就爱哭。

我上厕所哭，写作业哭，吃饭时哭，我恨不得做梦的时候都在哭。我天天哭哭哭，我哭得眼泪混着土、泥、沙，我的眼泪混着这些乱七八糟的东西像泥石流一样，这就像给地球穿了一件泥衣服一样。我给地球穿了一件又一件的泥巴衣服，地球越来越大，结果地球碰到了太阳以及所有星球，地球被太阳烧了起来，接着所有的星球都烧了起来，宇宙里火光四射，整个太空都烧了起来。

多亏我的眼泪把火扑灭了，我哭够了，妈妈来到我旁边，抱着我，我就不哭了。

点评

你能不能不要那么夸张？不过，我喜欢。

你说险不险?

力学小学　赵廷祖

一天，我妈妈给我买了一个水杯！

我很高兴，爬到六楼趴在窗边，"砰"水杯掉了下去！

水杯"噼里啪啦"地滑了下去，把它的衣服摔掉了。下面正好有一个池塘，水杯一下子砸中了一条正在游泳的鱼，很快鱼的头上长了一个很大很大的包。鱼说"哎哟"，可水杯听不见，它一直往下沉呀沉，一直沉到了池塘的最底部。水杯说："我怎么会在这里？"它一看周围全部是鱼，小丑鱼，小金鱼，还有一只可爱的小乌龟！水杯说："主人快来救我！我好害怕！"忽然它的头一下撑开了！水咕嘟咕嘟地往里面一直灌进去，它说："我可不想憋气！"一只小乌龟游了过来，把它顶到了水面上，我飞快地跑下楼，拿上水杯回家了，惊险的一天结束了。

我是吹牛大王

力学小学　杨佳兴

有一天，爸爸带我去坐公园游船。不知道为什么，船破了一个洞，我掉到了水里。突然，水像是火山爆发一样托起我，我被水喷到了太阳上，我快要吓死了。

这时，我热得都快喷火了！突然，汗水落到了太阳上，不好！太阳瞬间炸成了好几瓣。我吓得眼珠儿都快掉下来了，只好抱住一瓣太阳，可是太阳实在太烫了，我掉下去了！我一直往地球上掉，后来正好掉进了坐游船的湖里，坏了，湖里的鱼呀，虾子呀，都被烫死了，玄武湖立马变成一大锅鱼汤。

我可不能浪费这么好的机会，于是就开始卖鱼汤，全南京的人都来排队买鱼汤。哈哈，我发财了！

点评

这才叫"想象力"呢，吹牛是需要想象力的。

我喜欢的颜色

雨花实验小学　毕可歆

　　你们知道我最喜欢什么颜色吗？我来告诉你们吧！

　　我最喜欢黄色，因为我喜欢吃香蕉，它就是黄色的，我恨不得全世界都是黄色！最好都是黄天黄云。

　　我最喜欢红色，因为我们的红旗是红色的，也像英雄披着的斗篷。草莓也是红色的，油亮亮的，看着就想把它吃掉。

　　我最喜欢彩色，就是五颜六色的，我想让世界多姿多彩。

　　我最喜欢白色，因为蛋糕上面加一层奶油就更好吃了，奶油是白色的，糖霜也是白色的。我想说，牛奶、椰子、米饭，这些好吃的东西都是白色的。因为白色让人放心，让人觉得一定是绿色无污染的。

　　我好喜欢这些颜色啊！真想全世界只有这些颜色，没有其他颜色！

喝 墨 水

力学小学　鲁铭程

最近考试老是考不好，于是我来向"博学"的爸爸求助。

因为爸爸在看报纸，便随口回了个"喝墨水"。喝墨水能提高成绩？

我想爸爸绝对不会骗我的，我决定试试。我搬来椅子，费了九牛二虎之力才拿到蓝墨水。要喝了，我心存顾虑，先闻了闻，咦？好像味道不错，像一块比利时巧克力的味道。我鼓了鼓勇气，可手在颤抖，似乎瓶子都抓不住了，在开着冷风的房间里却满头大汗。想要喝，但是不敢；不喝吧，成绩又提高不了。我的心里好像有两支军队，一会儿一支军队把另一支打得人仰马翻，一会儿另一支又把刚才获胜的军队打个落花流水。忽然，一滴墨水进了我的嘴中，咦？味道不错，我喝了一小口，有点奇怪的味道。

我满怀信心地走进了考场……试卷发下来时，我迫不及待地看了看分数，什么？91分！一定是昨天墨水没喝够，回家必须猛喝墨水。

可回家一看，我却怎么也找不到墨水的身影了……

劳累的铅笔

力学小学　孙瑞希

今天作业很多。

中午吃完饭，我都没玩就去写作业，写了一会儿就打上课铃了，我一看还没写完就开始着急了。我唰唰写了两下，铅笔说："你别写太快呀！要不然我的头就要掉了！"铅笔说话声音太小了，我连一个字都没听见，我又唰唰写了两下。

"嘣"一声吓死我了！我现在才听到铅笔说："哎哟！我好看的头被你摔断了！"我听见铅笔这样说，就换了一支铅笔，写了一会儿，新铅笔对我说："我们铅笔真倒霉啊，人类真狠呀！"我这下子才知道要轻轻用铅笔写才不会断了。

点评

这个作文用了"拟人"的修辞手法，一个作文里面有一个"拟人"，作文就活起来了。

盲人的秋天

琅琊路小学　钟奕轩

炎热的夏天过去了，到了秋高气爽的时节。我们正常人看到的秋天有金黄的落叶和香气扑鼻的桂花树……但盲人是看不见秋天的，他们只能用听、触、闻来感觉秋天的到来。

听着脚下沙沙作响的树叶，摸一摸那挺拔的向日葵，闻一闻那甜蜜的桂花……盲人的秋天也是很美的，不管他在家里还是在外面，不管是在窗前还是在河边，他都能闻到那芬芳的、又甜又美的空气。

不光是盲人，牛儿羊儿的秋天也是美妙的。走在秋天，牛儿羊儿都长了肥膘，盲人的眼睛看不见这些牛羊，但是，他的心能"看见"。

虽然人们常说，盲人行动非常不方便，非常苦，但是盲人会苦中作乐。他们用心感受着四季，他能感觉到春天千万朵花在争奇斗艳，夏天蝉鸣声响个不停，秋天石榴成熟，冬天雪花飞扬。

秋天永远会向我们所有人微笑。

点评

写"秋天"是为了锻炼观察能力。我觉得观察力只要用心些都可以拥有，但作为一个人，我们还要有"感受力"。毕竟，我们不是仅仅依赖眼睛来观察世界的。

我爱画画

力学小学　倪可

　　我最喜欢画画，可是家里的纸太少了。于是，我就在家里的墙上画。可是越画墙就越破，结果家里的墙都漏风了。没办法我们只能搬家了，搬到了新家，可是我还想画画，妈妈只能把最后一张纸给了我，可我越画越有劲，结果纸透了，地板漏了一个洞，没办法我们只能去宾馆住了。宾馆老板不让我再画画了。

点评

　　好可爱的作文，读者看后能不笑吗？能让人笑的作文就是好作文。因为读者的智商是可以分辨出哪些是好文章的。

今儿真高兴

丁家桥小学　陶安之

今天，我妈妈说："你最近考试考得不错，今天周末，我带你去游乐场玩。"妈妈说完，我狂笑起来，不断地问："真的吗？真的吗？"前几次她还好好回答，后几次妈妈好像背后跟有一堆火似的狂叫起来："可以去，不要再问我了！再问我不带你去啦！"我就像被扎了的气球一样耷拉下了脑袋，回到了自己的房间。

我真想有一个穿梭之门呀！我只要有了穿梭之门，就可以瞬间到达游乐场了。

不过我没有这样的穿梭之门，只好老老实实地跟着妈妈来到了游乐场，一开心，我又蹦起来，我蹦得很使劲，似乎都要蹦地震了！

我一兴奋忘记了妈妈还在身旁，结果……悲剧了！

点评

我在想象，你的结果是怎么悲剧的？这个"……"用得好，给了我一个遐想的空间，前面那么多兴奋的铺垫，就是为了这个结尾的"悲剧"吗？

我考了100分

琅琊路小学　薛衡恩

老师把考试卷发下来的时候，我都不敢相信我的眼睛，我得了100分！

我高兴极了，往旁边一看，呀！我同桌才考了95.5分；我又看到了我姐姐的，她考了……我都不好意思说出来，要是让别人知道她是我姐姐的话，那就太丢脸啦！我非常高兴非常高兴非常高兴！

我一回家就拿给妈妈看，妈妈看了也非常高兴。我高兴得到处蹦，在沙发上蹦，在床上蹦，在浴室里蹦……直到，妈妈要看看我的试卷！

妈妈微笑着看着试卷，好像手里拿的不是试卷而是金光闪闪的圣旨。我刚想提醒妈妈也看看姐姐的试卷，没想到姐姐捷足先登道："妈妈，我饿了！"

我刚说"今天试卷上……"姐姐又说："妈妈，今天老师表扬我指甲剪得干净呢。"说完还把她那双雪白的小手在桌子上晃了晃。我又想说什么，但是我什么也没说……

独自在家

力学小学　徐子涵

妈妈把我一个人留在家里，她走之前说："你自己在家看书，我出去有点事儿。"

家里安静极了，我在客厅里，坐立不安地走来走去。突然，一阵大风吹过，把树叶吹得"沙沙"响，我被这声音吓了一跳，冒出一身冷汗，腿一软，差点儿坐在地上。牙齿也在不停地颤动，感觉牙齿都要抖掉了。

这时，墙上的钟声"嘀嗒"响起，树叶"沙沙"的声音加上时钟"嘀嘀嗒嗒"的声音，好像是大魔鬼在"嘿嘿"地坏笑。"咚"一声响，我吓得瘫坐在沙发上。虽然我本人坐在那儿，但灵魂已经飞上了天。过了好一会儿，我才发现自己坐在沙发里，四周一片寂静，虽然慢慢恢复了正常，但是我的心好像还在和其他的心比赛，而且每次都是我赢。

这次真的把我给吓"死"了！

点评

独自在家的孩子想象力最丰富，稍有风吹草动都会草木皆兵。这个小朋友就写出了这种一惊一乍的感觉，不错。

美好的回忆

越溪实验小学　王子木

一天，我和妈妈无意中进了一家跆拳道馆，那时我在门口听见里面的哭声、叫声、喊声，我问妈妈能不能不进去，里面听起来挺吓人的。妈妈推我往里走说："哪有那么夸张，快进去！"我进去了都不敢直着走，都是蹲着走的，因为老师实在太凶了。我说："嗯，挺好，下次再来。"说完转身就跑。妈妈一把把我拉进上课的地方，非要我试试，还要数一二三，数到三还不去上课的话就罚我，我只好进去了。我在里面害怕极了，我想会不会骨折啊，会不会被打啊……带着这些痛苦的问题，上完了这节课。

耶！活着下课后我就跟同学吹牛，跟爸爸妈妈吹牛，跟爷爷奶奶吹牛，后来我深深地爱上了跆拳道。

我一直从"白带"升级到了"蓝红带"。有一次比赛，我遇到了一个机灵小子，幸运的是我也很机灵。第一局我输了，要是我再输一局就可以回家玩游戏了。没想到下一局我赢了，再下一局打平了，最后由于对方用手犯规，所以我赢了，但是我的眼睛被打青了。结束后我蹦蹦跳跳地走了，那小子虽然失败了，但是他也很开心，因为他把我眼睛打青了。

啊，这件事真有意思啊，我永远都不会忘记。

点评

　　哈哈，我是边看边笑呀，这是个非常憨厚的男孩，现在很少能见到这样虎头虎脑的孩子了。真是文如其人，从作文就可以看出来孩子是多么的单纯可爱。我觉得文字表达的最高理想不就是单纯直率吗？那些堆砌好词好句的作文看多了会腻歪的，很多孩子的作文看着都差不多，不能激起读者的兴趣，而这个作文却让我看得津津有味。

金眼睛

解 放

拉萨路小学　何佳熠

　　"放假啦……冲啊……"当悦耳的考试结束铃声响起，我们这帮追风少年把书包挎在灌满了激动汗水的腰间，便如一把把利剑刺向了校门。

　　只见一条长龙瞬间挤满了校门口，成千上万个人头黑压压的一片。不是你踩了我的脚，就是他推了我一下。老师的喊声如大海里的一滴水，早已淹没在激情的欢呼声中。我穿行在人群中，估计就算是个仙人球，也被挤成仙人掌了。班主任那微乎其微的叫声，大多数人应该都没听完，包括我："喂！你留下来打扫卫生……"但这一声如同蚊子声般丝毫未能改变我们向往自由的心。

　　老师忍不住了，一把挡住了校门："你们想让我一个人打扫整个教室啊！"他那吹胡子瞪眼的样子，颇有几分"一夫当关，万夫莫开"的气势。可老师不是张飞，顶多也就是个"路障"，一下子学生们就分成了两路，该冲的还是得冲。冲啊，闪开，你这个"路障"。

幸好，下个学期换班主任，他记仇也没用，解放了耶！

放假啦，多么强劲的呐喊呀，蕴含了多少被压抑的力量呀。冲啊，那是什么都阻挡不住的劲头，那是属于孩子的力量，成年人在这样的力量面前真是"螳臂当车"呀。这个作文是一篇有力量的作文，是一只战斗的号角。我看着都被感染得热血沸腾！加油，小伙子们！未来是你们的。

地狱般的停车场

力学小学　高子涵

大风呼呼地刮着，黑漆漆的停车场里一片寂静，风大得如同鬼在哭泣。

我们学校有一个很大的停车场，那里经常空荡荡的，一个人也没有。那天轮我值日倒垃圾桶，现在想起来真是后悔，当时我怎么就走了一条不该走的路呢。那是我第一次倒垃圾，我鬼使神差地走入了停车场，里面安静无比，黑暗无比，远远的，我看见了一束微小的亮光。"啊！是保安休息室！"我向前冲去，想去询问垃圾桶在哪里。保安室里没有人，还开着空调，茶杯放在桌子上，杯口还冒着热气。"滴答滴答"，突然，从我背后传来了一阵水滴声，我猛回头却什么也没看见。我手心出了很多汗。

我鼓起勇气走进了一条又长又窄的走廊，我越来越怕，感觉这条走廊，像一个无底洞似的走不到头。苍白的日光灯还不如没有，看着就瘆人。走着走着，我好像感觉有一只巨大而冰凉的手搭在我肩头，我"嗷"地大叫一声拔腿就跑。

终于我跑了出去。操场上，虽然风还是很大，可是看见操场上来来往往的老师和同学，听到四周一片吵闹声，我才松了一口气。

春 天

力学小学　王禹臣

　　什么是春天？看病，戴口罩，打喷嚏……没错，对我来说，春天是最痛苦的季节。

　　初春到来，世界第一植物大魔王——法国梧桐发出了"致命毒药"，毛毛到处飘，飘落在我的鼻子里，我"阿嚏阿嚏"地反抗了。没办法，只好采取措施，戴口罩解决了问题，任那些梧桐再拼命下遮天盖地的"毛毛雨"，我也能"屹立不倒"了。

　　可不能只戴口罩，这是一种病，还得看医生，"医治百病"真没错，我在四五月份，每周去看一次医生，不知道花了多少钱，但效果很好，至少在对抗那些"过敏分子"时，能够不畏艰难，迎难而上了。不光是我一个，我们一家都有这毛病，尤其是我爸，有时他能打二十多个喷嚏，一到春天，他一定满脸通红，不停地拿纸擦鼻涕。家里还经常有存货，如口罩、药……只要能治过敏、防毛毛，我们都随时准备着。

　　春天，在我们看来，是一个充满喷嚏的季节。我看着在别人眼里"明媚"的春光，不禁打起了哆嗦。

　　吃饱了，我觉得有些累了，便走到一棵大树下，找了个没花也没有蚂蚁的地方，躺下去睡了。春天也不错！

就在半梦半醒之间

上海市浦东新区潼港小学　黄鹏立

"叽叽叽！叽！叽叽！"就在半梦半醒之间，一阵阵模糊的声音传来，那是什么声音？那是某只正在巢穴中嗷嗷待哺的小鸟的叫声吗？

忽然间，我似乎被什么未知力量带出了窗外，难道那是一双大手吗？又或者是一阵风？此时此刻，我正慢慢地飘浮在空中，周围似乎有一层雾气罩住了我的眼，朦朦胧胧地看见前方有一束光在飞翔，在飘忽地飞翔，在快乐地飞翔，在空中自由自在地飞翔，那是什么？是那些无忧无虑的鸟？还是一个思想？或者——是我的梦？或许，在此时此刻，一只跟我差不多大的小鸟，正在试图学习飞翔。只见它开始慢慢扇动翅膀，随后，它的脚渐渐蓄力，翅膀也扇动得越来越快。突然，它用力一蹦，瞬间飞出了一小段距离，只见它有规律、有节奏地扇动着翅膀。它的爪子稍稍向后收起，速度也越来越快，它在空中滑翔了一段距离后，便回到了巢上方。它开始在巢上悬停，最后开始逐渐减缓扇动翅膀的速度，"啪！"它终于落地了，回到了巢里，回到了温暖的巢里，回到了属于自己的舒适的巢里。

我伸出了手，正想抓住那个飞行的小东西，突然，我竟然毫无预兆地睁开眼，四周一片漆黑，唉，早点睡吧，明天是周一，我还要上课。要是能不上课，该多好呀！这样我就能抓住那只小鸟，抓住我的梦了。

点 评

　　很难想象有人会写这样一个题材。当你选择了这样一个题材的时候，你就已经赢了。第一，它太独特，是普通人想不到的。它不是一个梦，梦谁都会写。这是"半梦半醒之间"，一个人的思绪就像鸟儿一样不受控制地乱飞，从而也更加有魅力。第二，这样的思绪很容易写成"意识流"，写成"流水账"，都是作者紧紧抓住一个线索，就是那缥缈的光，我完全感受到了那种触手可及却又远在天边的感觉。

这一代孩子要面对的是"人工智能"时代的来临。学习成绩已经不是唯一，如何获得幸福感显得更加重要。而幸福感的获得是要父母随时呵护，随时鼓励的，是在一个相对安全的环境下长大才能得到的。一个总是被严格要求的孩子，心里会充满深深的挫败感，即使成"龙"了，很可能也是条心理不健全的"龙"。

而这种幸福感一旦形成，会支持孩子往前走，当他在今后的学习和生活中遇到困难的时候，正是这种潜在的幸福感会给他力量和勇气。人只有一个童年，我们作为家长不应该给孩子一个快乐的童年吗？你能肯定现在让他受苦，他就有一个美好的未来吗？再说了，现在学习不好，不等于永远学习不好，我见过太多后来居上的孩子了。别着急，"风物长宜放眼量"。我发现现在的家长过于焦虑，作为家长首先要变成一个内心强大的人，才能给孩子支持，给孩子做好后盾。不和别人比，就和自己比。你给孩子成长空间，孩子一定会给你回报的。

孩子从幼年走向成熟需要很多年，他们不仅要学课本上的知识，还要学习和他人沟通的能力，学习观察身边的这个世界，学习感受力。

我在和家长的交流中发现很多有问题的孩子都是因为没有"玩"好。"玩"应该是孩子学习适应这个世界最主要的方法。在"玩"的过程中，孩子学会了和他人合作、交流、妥协、对抗；锻炼了各种大小肌肉的协调能力，掌握了探索自然的技能；释放了天性，自然就身心健康、快乐满足了。

和机器比起来，我们还有一个美好的童年记忆，这个记忆，也许机器也会复制，但是它需要各种不同的记忆，以保持特殊性和多样性。我们每个人的童年都是不一样的，每个人都有不同的境遇，而"玩"无疑能够加强这种"特殊性"。否则孩子们想起童年的时候千篇一律都是在书桌前度过的。

看看迈克尔·杰克逊，成年以后经常一个人在夜晚，在他的私家游乐场里，孤独地坐在旋转木马上，我们能体会他的心情吗？一个没有童年的孩子，甚至都没法长大，因为他老是留恋童年，不想从那里出来。我的理念是先玩好再学好。玩不好，也学不好。玩好了，就学好了。玩好了，就幸福了。

最后，祝所有的孩子都有一个幸福快乐的童年。